出版众筹用户行为与运作机制研究

杨 扬 著

上海大学出版社
·上海·

图书在版编目(CIP)数据

出版众筹用户行为与运作机制研究/杨扬著.
上海：上海大学出版社,2024.10. -- ISBN 978-7
-5671-5102-4
Ⅰ.G239.2
中国国家版本馆 CIP 数据核字第 2024P5G259 号

责任编辑　邹西礼
封面设计　柯国富
技术编辑　金　鑫　钱宇坤

出版众筹用户行为与运作机制研究
杨　扬　著
上海大学出版社出版发行
(上海市上大路 99 号　邮政编码 200444)
(https://www.shupress.cn　发行热线 021-66135112)
出版人　余　洋
*
南京展望文化发展有限公司排版
上海华业装璜印刷厂有限公司印刷　各地新华书店经销
开本 890mm×1240mm　1/32　印张 7.5　字数 175 千
2024 年 10 月第 1 版　2024 年 10 月第 1 次印刷
ISBN 978-7-5671-5102-4/G・3643　定价 58.00 元

版权所有　侵权必究
如发现本书有印装质量问题请与印刷厂质量科联系
联系电话：021-56475919

前言 | Foreword

  随着互联网技术的迅速发展和社会化媒体使用的普及,大众参与社会化内容生产的热情越来越高。出版众筹作为社会化内容生产的一种新商业模式,改变了出版内容生产和传播的格局,使得出版产品的消费者不再是纯粹的读者,而是成为出版产品的参与者、生产者和投资者。出版众筹的出现,可以改变传统出版业效率低下、"盲目"生产等突出问题,给出版业的发展带来了新的机遇和空间。出版众筹使得出版内容的选择权开始从传统出版机构的掌握中慢慢转移到消费者手中,出版众筹意味着消费者在一定程度上能够决定出版内容的生产。

  出版众筹作为一种基于互联网思维和互联网技术的崭新出版模式,备受国内外学者和业内人士的关注。出版众筹模式能够持续发展和盈利的关键主要取决于用户的参与率和平台的运作水平。本书以出版众筹平台和用户为研究对象,围绕出版众筹用户行为的影响机理和平台运作机制这两大基本问题展开研究。主要研究内容和研究结论如下:

  第一,分析了研究的理论基础,构建了研究的思路和逻辑框架。对已有的关于众筹和出版众筹的相关研究进行分析,在借鉴这些研究成果的基础上,采用跨学科研究方法、定性研究和定量研究相结合的研究方法,构建了本书研究的逻辑框架。

第二,构建了出版众筹用户参与行为影响机制模型并进行了实证检验。首先以技术接受模型(TAM模型)为基础,从出版众筹用户的内外部动机和感知视角,构建了以信任为中介变量,直接经验为调节变量的出版众筹用户参与行为影响机制的理论模型。其次,进行问卷设计,主要是在成熟量表的基础上结合出版众筹实际对各个变量设计可操作的测量量表。对预测试的207份有效问卷进行信效度检验,以判断和确定各分量表的可靠性和准确性,使用探索性因子分析法对潜在变量进行分析以最终确定问卷测试题项。再次,利用SPSS 19.0和AMOS 20.0软件对调研获得的588份有效问卷数据进行统计分析、质量检验、验证性因子分析,采用结构方程模型,运用AMOS 20.0软件对构建的理论模型的拟合程度和假设路径进行验证,并对信任的中介作用以及直接经验的调节作用分别进行验证。实证结果表明:① 期望收益、利他主义、感知品牌、感知质量、感知价值以及网络口碑对出版众筹参与行为具有显著的正向影响作用,影响程度由大到小依次是期望收益、感知品牌、感知价值、感知质量、网络口碑和利他主义。感知体验对出版众筹用户参与行为的影响并不显著。② 信任在感知品牌、感知质量和网络口碑对出版众筹参与行为的影响作用中充当部分中介作用;信任在感知体验对出版众筹参与行为的影响作用中充当完全中介作用;信任在感知价值对出版众筹参与行为的影响作用中不起中介作用。③ 直接经验在感知质量和出版众筹用户参与行为之间起正向调节作用;直接经验在网络口碑和出版众筹参与行为之间起负向调节作用;用户的直接经验在感知品牌、感知价值对出版众筹参与行为的影响作用中没有起到调节作用。

第三,运用演化博弈理论分析了出版众筹用户的发起与参与行为。以有限理性为基础,运用演化博弈理论分别构建了收费模式、免费模式、平台补贴模式以及平台风险补偿模式下的出版众筹参与行为演化博弈模型,分析了在各种模式下出版众筹发起用户和投资用户双方演化稳定的轨迹和演化稳定策略,并从出版众筹发起用户、投资用户和平台三个方面提出了相关建议。

第四,探讨了出版众筹平台的定价机制。结合国内外的研究成果,在总结双边市场理论的基础上,分析了出版众筹平台的双边市场结构、特征、属性以及商业模式,进而构建了基于双边市场的出版众筹垄断平台和双平台竞争的定价模型,探讨了出版众筹平台的收费策略。

第五,探讨了出版众筹平台的管控机制。从出版内容审核机制、信任机制和平台的激励机制三个方面,探讨出版众筹平台的管控机制。对于出版内容审核机制,探讨了平台审核机制的优化问题。对于信任机制,以目前主流的信任评价系统模型,探讨了平台建立信任评价系统的方式方法,同时结合出版众筹的特点,提出建立信用保险机制。对于激励机制,以赫兹伯格的双因素理论为基础,采用扎根分析法和问卷调研,研究了出版众筹平台对发起用户和投资用户的保健因素和激励因素。

目录 | Contents

第一章　绪论 ········· 001

  1.1　研究背景与意义 ········· 001
      1.1.1　研究背景 ········· 001
      1.1.2　研究意义 ········· 003
  1.2　研究目标与内容 ········· 004
      1.2.1　研究目标 ········· 004
      1.2.2　研究内容 ········· 005
  1.3　研究方法与研究思路 ········· 007
      1.3.1　研究方法 ········· 007
      1.3.2　研究思路和逻辑框架 ········· 008
  1.4　主要创新点 ········· 009

第二章　文献综述 ········· 010

  2.1　社会化生产研究综述 ········· 010
  2.2　众筹研究综述 ········· 012

2.2.1 众筹的内涵 ················· 012
　　　2.2.2 众筹模式的分类 ············· 014
　　　2.2.3 众筹参与者的动机 ··········· 015
　　　2.2.4 众筹绩效的影响因素 ········· 018
　2.3 出版众筹研究综述 ················· 022
　　　2.3.1 出版众筹的界定 ············· 022
　　　2.3.2 出版众筹的特征 ············· 023
　　　2.3.3 出版众筹参与行为的影响因素 ··· 024
　　　2.3.4 出版众筹平台的运作机制 ····· 026
　　　2.3.5 出版众筹对出版产业的影响 ··· 028
　2.4 本章小结 ························· 029

第三章 出版众筹用户参与行为影响机制实证研究 ······ 030

　3.1 研究基础 ························· 030
　3.2 理论模型构建 ····················· 035
　3.3 研究假设 ························· 036
　　　3.3.1 期望收益对出版众筹参与意愿的影响关系
　　　　　　 ································· 036
　　　3.3.2 利他主义对出版众筹参与意愿的影响关系
　　　　　　 ································· 037
　　　3.3.3 感知体验对出版众筹参与意愿和信任的影响关系 ························· 038
　　　3.3.4 感知品牌对出版众筹参与意愿和信任的影响关系 ························· 040
　　　3.3.5 感知质量对出版众筹参与意愿和信任的影

　　　　　　响关系 ··· 042
　　　3.3.6　感知价值对出版众筹参与意愿和信任的影
　　　　　　响关系 ··· 044
　　　3.3.7　网络口碑对出版众筹参与意愿和信任的影
　　　　　　响关系 ··· 046
　　　3.3.8　信任对出版众筹参与意愿的影响关系 ······ 049
　　　3.3.9　出版众筹参与意愿对参与行为的影响关系
　　　　　　 ·· 051
　　　3.3.10　信任的中介作用 ·································· 052
　　　3.3.11　直接经验的调节作用 ·························· 054
3.4　研究设计 ··· 057
　　　3.4.1　问卷设计 ··· 057
　　　3.4.2　变量测度 ··· 058
　　　3.4.3　问卷预测试 ·· 064
3.5　数据分析与假设检验 ································ 073
　　　3.5.1　数据收集 ··· 073
　　　3.5.2　样本数据的统计分析 ··························· 074
　　　3.5.3　探索性因子分析和信度检验 ················ 075
　　　3.5.4　验证性因子分析 ··································· 081
　　　3.5.5　中介变量验证 ······································· 085
3.6　出版众筹用户参与行为的结构方程模型分析 ····· 096
　　　3.6.1　模型拟合 ··· 097
　　　3.6.2　模型假设检验 ······································· 099
3.7　直接经验的调节作用检验 ························· 101
3.8　模型实证结果讨论 ··································· 106

3.8.1 出版众筹用户参与行为的影响因素讨论 ………………… 106
3.8.2 中介变量的影响作用讨论 …………………………… 107
3.8.3 直接经验的调节作用讨论 …………………………… 108
3.9 本章小结 ……………………………………………………… 109

第四章 出版众筹用户参与行为的演化博弈分析 ……… 110

4.1 演化博弈论概述 ……………………………………………… 110
    4.1.1 基本假设：有限理性 ………………………………… 110
    4.1.2 演化博弈论的发展 …………………………………… 111
    4.1.3 选择机制及有效均衡 ………………………………… 113
    4.1.4 演化博弈论的应用 …………………………………… 115
4.2 出版众筹发起与参与行为的演化博弈 ……………………… 117
    4.2.1 收费服务模式下的演化博弈 ………………………… 117
    4.2.2 免费服务模式下的演化博弈 ………………………… 123
    4.2.3 平台补贴机制下的演化博弈 ………………………… 126
    4.2.4 风险补偿机制下的演化博弈 ………………………… 130
4.3 本章小结 ……………………………………………………… 131

第五章 基于双边市场的出版众筹平台定价机制研究
………………………………………………………………… 135

5.1 出版众筹平台的双边市场基本理论分析 …………………… 135
    5.1.1 双边市场基本理论基础 ……………………………… 136
    5.1.2 出版众筹平台的双边市场特征 ……………………… 151
    5.1.3 出版众筹平台双边市场的商业模式 ………………… 155

5.2 垄断平台的定价机制 ·················· 157
5.2.1 模型假设及参数设定 ············· 157
5.2.2 模型建立 ······················ 160
5.2.3 模型分析 ······················ 165
5.3 双平台竞争的定价机制 ················ 168
5.3.1 基本假设 ······················ 168
5.3.2 对发起用户只收取交易费 ········· 170
5.3.3 对发起用户只收取会员费 ········· 173
5.3.4 对发起用户两部收费 ············· 174
5.3.5 模型分析 ······················ 176
5.4 本章小结 ························ 178

第六章 出版众筹平台管控机制研究 ·········· 179
6.1 出版内容审核机制 ·················· 179
6.2 信任评价机制 ······················ 184
6.2.1 信任评价模型 ·················· 186
6.2.2 信用保险机制 ·················· 189
6.3 激励机制 ························ 191
6.3.1 双因素理论 ···················· 192
6.3.2 双因素理论应用的可行性 ········· 193
6.3.3 基于扎根理论的激励因素挖掘 ····· 196
6.3.4 出版众筹的双因素调研 ··········· 201
6.3.5 激励策略 ······················ 205
6.4 本章小结 ························ 208

第七章 研究总结与展望 ·················· 210

7.1 研究总结 ···························· 210
7.2 研究局限与展望 ······················ 214

附录 ··································· 216

附录1 出版众筹参与行为影响因素调查问卷 ········ 216
附录2 出版众筹平台双因素调查问卷 ············ 221

第一章 绪论

本章首先梳理了本书的研究背景,阐明了本书的研究意义;其次,对本书的研究内容、研究目标等进行了阐述;最后,在总结与分析所采用的研究方法的基础上,构建了本书研究的技术路线与研究框架。

1.1 研究背景与意义

1.1.1 研究背景

互联网的快速发展和社会化媒体的便捷使用,激发了大众参与出版内容生产的热情。截至 2023 年 12 月,我国网民规模达 10.92 亿人,互联网普及率达 77.5%;手机网民规模达 10.91 亿人,网民中使用手机上网的比例为 99.9%。20—49 岁网民占比为 48.9%,50 岁及以上网民群体占比达到 32.5%,互联网进一步向中老年群体渗透。[1] 博客、微博、微信、众包平台、众筹平台等社会

---

[1] 第53次《中国互联网络发展状况统计报告》发布互联网激发经济社会向"新"力[N]. 人民日报,2024-03-25.

化媒体为社会化生产内容提供了传播平台。电脑、智能手机、平板电脑等终端设备的普及和便捷使用,以及网民受教育程度的不断提高,使大众具备了某些专业人士所拥有的内容生产和传播的能力,改变了出版内容生产和传播的格局;以往被动接受出版内容信息的大众(读者)转变为主动参与出版内容生产的消费者。

在互联网及社会化媒体飞速发展的背景下,出版众筹应运而生。早在2003年,世界上第一个众筹网站ArtistShare在美国成立,这是一家以"粉丝为基础"的艺术众筹网站。近年来,众筹模式已被广泛运用于国内外的出版领域中。2011年,众筹模式进入中国,短短几年时间,便在出版领域迅速发展起来,不仅新兴出版企业尝试采用,甚至传统出版企业也纷纷尝试。比如,2013年北京磨铁图书联合徐志斌,在众筹网发起《社交红利》一书的出版众筹项目,2周时间募集到10万元;2013年12月,知乎网作为内容方,中信出版社作为出版方,美团网作为众筹平台,发起《创业时,我们在知乎聊什么》的出版众筹,成功筹集到10万元;2014年9月,周鸿祎的《我的互联网方法论》通过中信出版社在京东众筹上发起众筹,筹集资金超过160万元;2015年2月,《风口:把握产业互联网带来的创业转型新机遇》一书在短短一个月内筹集了400多万元,创造了当时出版众筹的新纪录。

出版众筹的核心是基于互联网思维和互联网技术在出版领域中的商业应用。提高用户参与率、提升平台运作水平是出版众筹模式持续发展并获得竞争优势的关键。目前关于出版众筹用户参与行为的影响机理还未得到充分研究,尤其在实证研究方面还较缺乏,出版众筹平台运作机制更少有学者关注。因此开展出版众筹模式的相关研究,探索出版众筹用户参与行为的影响机理以及平台运作机制,具有重要现实意义。

1.1.2 研究意义

1.1.2.1 理论意义

本书研究的理论意义主要集中在四个方面。一是本书借鉴技术接受模型以及前人研究的经典量表并结合出版众筹的实际情况，构建了出版众筹用户参与行为影响机制研究模型，并在此基础上提出了相关研究假设，扩大了技术接受模型的应用范围。同时，本书通过实证分析的方法对模型及假设进行验证，研究结论对探讨影响投资用户参与出版众筹行为的机理以及整合的技术接受模型的补充和修正有重要理论贡献。二是本书以有限理性为基础，运用演化博弈理论分别构建了收费模式、免费模式、平台补贴模式以及平台风险补偿模式下的出版众筹参与行为演化博弈模型，分析了在各种模式下出版众筹发起用户和投资用户双方的演化稳定策略，丰富了演化博弈理论的应用。三是本书在双边市场理论的框架下构建了出版众筹平台的垄断模型和双平台竞争的定价模型，并以出版众筹平台的归属情形和所有权结构为维度展开，分析了单归属和多归属情形下不同所有权结构的出版众筹平台竞争问题，丰富和完善了我国双边市场理论的框架体系。四是目前关于出版众筹的研究主要集中在出版众筹的内涵、模式、发展路径、影响因素等定性分析方面，本书不仅从实证方面研究了出版众筹参与行为的影响机理，同时也将演化博弈理论和双边市场理论引入出版众筹的研究中，充实了出版众筹的相关研究，具有一定的理论意义。

1.1.2.2 实践意义

本书以出版众筹用户参与行为和出版众筹平台运作机制作为

研究对象,主要是基于投资用户已成为出版方和作者共同创造价值的合作者,他们使基于互联网的出版众筹模式得以为传统出版业开创了一种适应"互联网+"时代发展和读者需求的新型发展模式。参与出版众筹与在当当、京东等网站购书不同,这不只是一次购物,得到的回报也不仅仅是一本书,而是参与了一本书的出版过程。出版众筹打破了传统出版产业链中出版社的强势地位,使读者和作者的地位得以凸显。这种商业行为颠覆了"先生产再销售"的传统商业模式,形成了精准供需链,实现了按需出版,出版产品产量的供给完全由市场的需求决定,从而避免了大量库存的积压,有效降低了传统出版企业的经营风险①。研究出版众筹用户参与行为和平台运作机制的现实意义在于:首先,有助于出版众筹平台和出版众筹发起者更好地运用出版众筹模式,根据用户参与行为的影响机理,量体裁衣地通过机制设计提高用户的参与效果;其次,深入研究大众参与出版众筹的影响因素和平台运作机制,能够促进出版众筹平台在小众化、个性化以及长尾化图书的出版中发挥作用,为优秀的内容项目提供出版的新方式,降低盲目性和市场风险;最后,本书对预测出版众筹模式的发展趋势也具有相当的现实意义。

1.2 研究目标与内容

1.2.1 研究目标

本书以出版众筹的平台和用户为研究对象,一方面基于探索

---

① 杨扬.基于互联网众筹的出版产业链重构[J].出版发行研究,2017(1):28-31.

性研究方法,以出版众筹用户参与行为的影响机理为研究问题,探索用户参与行为的影响因素,构建出版众筹用户参与行为影响机制模型,通过调研方法收集数据并进行实证检验;另一方面基于理论逻辑推理,结合用户参与行为影响机理的结果,从平台定价和管控两个方面,探索出版众筹平台的运作机制。通过研究,本书拟达到以下目标:

第一,探索出版众筹用户参与行为的影响机理。提高投资用户参与率是出版众筹平台能够持续发展并获得竞争优势的关键。本书着力厘清用户的期望收益、利他主义、感知体验、感知品牌、感知质量、感知价值、网络口碑以及信任和出版众筹用户参与行为的内在联系,并在此基础上进一步探讨出版众筹用户参与行为的影响机理。

第二,探讨出版众筹平台的定价机制。出版众筹平台的定价机制是平台盈利的关键之一。本书在总结双边市场理论的基础上,构建了出版众筹垄断平台的定价模型以及双平台竞争的定价模型,并从出版众筹平台的归属情形和所有权结构两个维度展开,分析单归属和多归属情形下不同所有权结构的出版众筹平台竞争问题和收费策略。

第三,探讨出版众筹平台的管控机制。管控机制是出版众筹平台运作机制的核心内容。本书在出版众筹用户参与行为机理的分析结果基础之上,从内容审核、信任和激励三个方面,探讨了出版众筹平台的管控机制。

1.2.2 研究内容

本书针对出版众筹平台和投资用户,探索了出版众筹用户参与行为的影响机理和平台运作机制。全书共七章,主要内容如下:

第一章，绪论。本章主要阐述了研究背景与意义、研究目标与内容、研究方法与思路，并对主要的创新点进行了重点论述。

第二章，文献综述。本章通过文献研究法对相关研究进行文献综述，包括社会化生产的相关研究、众筹和出版众筹的相关研究等；在此基础上，明确本书研究的创新空间。

第三章，出版众筹用户参与行为影响机制实证研究。本书借鉴TAM模型，构建了出版众筹用户参与行为影响机制模型，并在此基础上提出了相关研究假设，运用实证的方法，对出版众筹用户参与行为模型中的各变量进行了信度和效度检验分析，对信任在各潜变量对出版众筹用户参与意愿作用中担任中介变量进行了验证，进而对出版众筹用户参与行为的结构方程模型进行验证分析，最后根据不同直接经验样本进行分组，分别计算各组路径系数及其显著性水平，检验了直接经验的调节作用。

第四章，运用演化博弈理论分析出版众筹用户参与行为。本章阐明了利用演化博弈理论研究出版众筹参与行为的意义，并对前人关于演化博弈论方法的运用进行了综述和总结。从动态变化的视角，具体分析了出版众筹发起用户和投资用户的演化博弈过程，确定了出版众筹发起用户和投资用户的演化稳定策略，并结合实际问题分别从出版众筹发起用户、投资用户和平台三个角度提出了具体建议。

第五章，探讨出版众筹平台的定价机制。结合国内外的研究成果，在总结双边市场理论的基础上，分析了出版众筹平台的双边市场结构、特征、属性以及商业模式，进而构建了出版众筹垄断平台的定价模型以及双平台竞争的定价模型，并从出版众筹平台的归属情形和所有权结构的维度，探讨了出版众筹平台的竞争问题。

第六章，探讨出版众筹平台的管控机制。本章从出版内容审核机制、信任机制和平台的激励机制三个方面,探讨出版众筹平台的管控机制。对于出版内容审核机制,探讨了平台审核机制的优化问题。对于信任机制,以目前主流的信任评价系统模型,探讨了平台建立信任评价系统的方式方法,同时结合出版众筹的特点,提出建立信用保险机制。对于平台面向双方用户的激励机制,以赫兹伯格的双因素理论为基础,结合扎根分析法和问卷调研,分别探讨了平台对出版众筹发起者和投资用户的保健因素和激励因素,并针对性地提出激励策略。

第七章,研究总结与展望。本章主要概括了全书的主要工作和研究结论,并指出研究的局限和未来研究的方向。

1.3 研究方法与研究思路

1.3.1 研究方法

本书主要采用文献研究、问卷调查、扎根理论等方法,定性与定量相结合,对出版众筹用户参与行为影响机理和平台运作机制进行了研究。

(1)文献研究法。收集、整理和分析出版众筹研究的相关文献,梳理相关研究脉络,基本厘清了出版众筹用户参与行为影响机理的研究现状。对于出版众筹平台的双边市场定价机制研究,也采用了该方法。

(2)访谈法。访谈法是获得第一手资料的重要方法之一。访谈法具有不同的访谈形式,包括结构访谈和非结构访谈。在第六章的激励机制研究中,运用了非结构访谈法获得第一手资料。

(3)问卷调查法。本书在研究过程中,严格遵循规范的问卷开发过程实施问卷设计,所采用的问卷调查法主要体现在第三章和第六章中。在第三章中,通过问卷调查收集样本数据,并利用SPSS 19.0 和 AMOS 20.0 软件对问卷进行了检验,以确保问卷的稳定性和一致性。

(4)扎根理论分析法。扎根理论方法是一种具有理论探索功能的经典研究方法。本书所采用的扎根分析法主要体现在第六章关于激励的研究中。通过访谈资料,采用扎根理论方法进行归纳性研究,探索出版众筹平台对发起用户和投资用户的激励因素和保健因素。

(5)结构方程模型。结构方程模型(SEM)是管理科学研究中一个非常好的方法。本书第三章的研究主要采用结构方程模型,运用 AMOS 20.0 软件对构建的出版众筹用户参与行为影响机制模型及相关研究假设进行了验证和修改。

1.3.2　研究思路和逻辑框架

本书通过系统梳理国内外有关众筹、出版众筹、用户参与行为以及平台运作机制等相关文献,总结了已有研究成果。通过理论逻辑推演,构建了出版众筹用户参与行为的影响机制理论模型。通过两次问卷调研,结合采用 SPSS 19.0 和 AMOS 20.0 软件,运用结构方程模型分析等方法对构建的模型展开深入研究和验证。通过对出版众筹用户发起与参与行为的演化博弈分析以及对平台的定价机制和管控机制的研究,探讨了平台的运作机制,并根据研究结论对出版众筹平台的运作提出相应的对策和建议。

1.4 主要创新点

（1）构建了以直接经验为调节变量的出版众筹用户参与行为影响机制的理论模型，并通过实证分析对模型及假设进行了验证和修正。

（2）运用演化博弈理论分别构建了收费模式、免费模式、补贴模式以及风险补偿模式下的出版众筹参与行为演化博弈模型，分析了在各种模式下出版众筹发起用户和投资用户双方的演化稳定策略。

（3）引入双边市场理论研究出版众筹平台的定价机制。在总结双边市场理论的基础上构建了出版众筹垄断平台的定价模型，对平台3种收费情况下的定价模型进行了比较分析，并以此为逻辑起点，构建了一个出版众筹市场中存在两个平台竞争的定价模型。

（4）以赫兹伯格的双因素理论为基础，结合扎根理论分析法，构建了出版众筹平台对双边用户的激励机制。

第二章 文献综述

出版众筹属于社会化生产研究的范畴。本章对社会化生产、众筹以及出版众筹研究领域的研究成果进行回顾和梳理,对众筹的内涵和模式、出版众筹的界定和特征、用户的参与行为影响机制以及平台的运行机制等基础研究进行文献综述,以期能为后续的实证和理论研究提供学术支撑。

2.1 社会化生产研究综述

社会化生产是指分散在世界各地的互联网用户,通过互联网平台,进行群体的知识协同生产[1]。这种大众生产知识的行为包括如下几种方式:一是社交式的用户生产内容(User Genrated Content),比如最常见的社会化媒体;二是共享式协同生产,实现以往只有大企业才能实现的创新和创造,如开源程序、维基百科和百度百科等;三是众包(Crowdsourcing),即通过互联网平台,将分

---

[1] Benkler Y. The wealth of networks: How social production transforms markets and freedom[M]. New Haven and London: Yale University Press, 2006.

散的智力资源聚集起来,有效实现知识创造,解决招标者发布的问题任务;四是众筹(Crowdfunding),即利用筹客(投资用户)的资金、知识和创作力实现产品的生产和创造。

社会化媒体是 Web 2.0 的重要组成部分,一些网站甚至会提供网站的开源或应用程序接口支持,方便用户进行内容创作和传播内容,其中的一些传播内容可以被看作是网络口碑。Liu(2006)[①]认为,用户生产的内容更能让用户自身产生共鸣和认可,比企业的传播内容和专家意见更容易引起消费者的关注和信任。Godes & Mayzlin(2004)[②]研究探讨了用户创造内容在社交媒体中的说服性作用及其影响因素,同时探讨了用户创造内容对企业销售收入的影响。

从社会交换的角度看,用户之所以愿意进行共享式的协作创造,是由一种网络共生规则所驱动的,即群体内某个用户为另一个或几个用户提供利益,却不直接从受益者那里得到回报,而是从其他用户或整个群体资源平台获得利益。

众包是基于社会化网络形成的一种新的大众生产模式。这种模式一般是通过互联网平台将问题或任务以公开招标的方式向平台用户公布,用户根据任务的要求提交相关解决方案,最后由众包的发起用户选择最满意的解决方案,中标者通常会被奖励。

众筹也是基于社会化网络形成的一种新的协作生产模式,但众筹与众包不同,众包是以公开的方式向大众征集问题的解决方案,而众筹是项目发起用户以公开的方式向用户公布项目的相关

---

① Liu Y. Word of Mouth for Movies: Its Dynamics and Impact on Box Office Revenue[J]. Journal of Marketing, 2006, 70(3): 74-89.

② Godes D. and Mayzlin D. Using Online Conversations to Study Word of Mouth Communication[J]. Marketing Science, 2004, 23(4): 545-560.

信息,并筹集资金,在众筹项目发起用户允许的情况下,投资用户(筹客)可以参与众筹项目的生产与创造。

2.2 众筹研究综述

2.2.1 众筹的内涵

随着互联网技术的蓬勃发展,众筹作为一种基于互联网思维的全新商业模式应运而生。国内外学者对众筹的内涵有着不同的界定。从互联网金融的角度,Schwienbacher & Larralde(2010)[1]指出,众筹是一种去中心化的融资模式,它打破了金融中介的壁垒,使得企业或个人可以直接面向大众融资,而能得以实施的基础是互联网技术的发展。Ordanini 等(2011)[2]探讨了消费者角色的演变,认为众筹使得生产、消费及营销之间的界限变得越来越模糊,消费者的角色正在向投资者、生产者等多样化的角色转变。消费者日益成为创意、资金以及社交平台的资源整合者。Buysere 等(2012)[3]指出众筹是社交网络下的众多个体贡献自己的资源来支持他人或组织发起活动的集体行为。Belleflamme 等(2014)[4]在前人的基础上定义了众筹的概念,认为众筹是企业通过互联网面

---

[1] Armin Schwienbacher, Benjamin Larralde. Crowdfunding of Small Entrepreneurial Venture[M]. Oxford University Press, 2010.

[2] Ordanini A, Miceli L, Pizzetti M, et al. Crowd-funding: Transforming Customers into Investors through Innovative Service Platforms[J]. Journal of Service Management, 2011, 22(4): 443-470.

[3] De Buysere K, Gajda O, Kleverlaan R, et al. A framework for European crowdfunding[J]. European Crowdfunding Network, 2012: 61.

[4] Belleflamme P, Lambert T, Schwienbacher. Crowdfunding: tapping the right crowd[J]. Journal of Business Venturing, 2014, 29(5): 585-609.

向大众公开募集资金的过程,以捐赠的形式或者以未来产品或其他形式的奖励作为交换,来获取大众融资支持特定的项目或计划,强调以互联网社区为基础的体验的重要性。

以上研究者的研究指出了众筹的三个特征:第一,众筹项目发起人依靠预付的现金进行产品生产,在资金筹集阶段,其仅提供对最终产品的描述,并承诺产品会上市;第二,众筹投资者比一般消费者花费更多的金钱去购买产品;第三,众筹投资者处于一个享有特权的消费者群体中,在这个社区中,他们不仅可以投资,还享有表决权。Mollick(2014)[1]认为,众筹是指由企业家或企业基于社会、文化或利润的目的发起的,以支持企业发展为目的的融资方式。这种融资方式通常是大量小额投资者借助互联网平台进行直接投资,其中没有传统的金融机构介入。Mendes & Rossoni(2016)基于巴西最大的众筹平台 Catarse,对其中 10 个音乐产品项目中的 1 835 个投资人进行分析,研究众筹周期、投资者与音乐公司之间的距离,以及投资者对音乐产品项目的感知三者之间的关系。结果发现:投资者和音乐公司之间的距离与投资者感知的项目资本价值之间存在显著的负相关。这可能是音乐公司自身的关系网在资金筹集过程中发挥了核心作用。此外,他们的研究结果还显示众筹项目周期越长,投资者对项目的价值感知越高。

国内学者对众筹的内涵也进行了相关研究。范家琛(2013)[2]认为众筹从某种意义上来说,属于 Web 3.0,它使社交网络与"多数人支持少数人"的筹资方式相互结合,通过互联网平台的运作机制使不同个体之间的相互投融资成为可能,作为一种商业模式,众

---

[1] Mollick E. The dynamics of crowdfunding: an exploratory study[J]. Journal of Busniess Venturing, 2014, 29(1): 1-16.
[2] 范家琛. 众筹商业模式研究[J]. 企业经济, 2013(8): 72-75.

筹的优势在于促进微创新和激励"草根"创新。孟韬等(2014)①从金融流、信息流以及回报分配的角度构建了以众筹平台为核心,连接投资人和项目发起方的商业模式。王光岐和汪莹(2014)②以小微企业众筹融资为研究对象,通过对其运作模式与流程的分析,认为众筹在解决我国小微企业融资难的问题上具有增加融资渠道、降低融资门槛、提高融资速度、降低融资成本的优势。

总结国内外学者关于众筹内涵的研究,笔者认为众筹是以互联网和社会化媒介为基础,企业或个人(项目发起方)在线面向大众公开募集资金,来获取大众对众筹项目的资金支持;项目发起方会以项目的未来产品以及其他各种形式的激励作为回报。众筹作为一种创新的商业模式,打破了消费者、投资者、生产者以及创意者等角色之间的界限,使得传统的消费者不再是纯粹的顾客。

2.2.2 众筹模式的分类

国内外学者主要是以众筹回报的方式为基础对其进行模式分类。Kool(2011)③依据报酬的不同类别,将众筹分为四种模式:借贷式众筹、股权式众筹、捐赠式众筹和预售众筹。Ahlers等(2015)④从众筹模式的复杂角度,将众筹分为捐赠型众筹、奖励型

---

① 孟韬,张黎明,董大海.众筹的发展及其商业模式研究[J].管理现代化,2014(2):50-53.

② 王光岐,汪莹.众筹融资与我国小微企业融资难问题研究[J].新金融,2014(6):60-63.

③ Kool B R. Towards a Viable Crowdfunding Framework [J]. Erasmus University Rotterdam,2011.

④ Ahlers G, Cumming D, Guenther C, et al. Singaling in equity crowdfunding [J]. Entrepreneurship Theory and Practice,2015,39(4):955-980.

众筹、债权型众筹和股权众筹。Meyskens & Bird(2015)[1]建立了一个众筹模式的理论框架，包括奖励型众筹、捐赠型众筹、股权众筹以及债券型众筹。项目发起者(企业或个人)可以从其自身的经济目标和社会价值目标出发，选择相应的众筹模式。

总结学者们对众筹模式的分类，主要有以下几种类别：

捐赠众筹(Donate-based crowdfunding)，又称公益型众筹，是指在线用户对项目无偿提供资金支持，不求回报。

债权众筹(Lending-based crowdfunding)，是指在线用户在众筹平台中对项目进行投资，并获取项目固定比例的债权。

奖励型众筹(Reward-based crowdfunding)，是指在线用户在众筹平台中投资项目，并最终会得到项目的产品或服务，包括物质和精神的奖励。奖励型众筹是众筹平台中最为普遍的一种众筹模式。

股权众筹(Equity-based crowdfunding)，是指在众筹平台中，在线用户会通过投资项目获得该项目一定份额的股权。

从众筹模式的分类来看，出版众筹属于奖励型众筹，投资用户在众筹平台上投资出版众筹项目，最终获得的收益主要包括出版及衍生产品和服务，以及非物质奖励。

2.2.3 众筹参与者的动机

众筹参与者是指众筹项目的出资者，通常被称为众筹项目的支持者或投资用户。本书将众筹参与者的出资或投资行为称为参与行为。Gerber & Hui(2014)[2]认为，众筹参与行为包括四种线

---

[1] Meyskens M, Bird L. Crowdfunding and value creation[J]. Entrepreneurship Research Journal, 2015, 5(2): 155-166.

[2] EM Gerber, J Hui. Crowdfunding: Motivations and Deterrents for Participation [J]. ACM Transactions on Computer-Human Interaction, 2014, 20(6): 34-32.

上行为模式动机,即利他动机、消费动机、投资动机以及协同生产动机。作为一种利他行为,出于对特定事情的同情心以及为了强化自己的社会认同和社会地位,投资用户愿意支持能够打动他们的项目。从消费行为的角度来说,众筹平台可以让出资用户安全便捷地享受产品、服务或者一次体验。同传统的电子商务相比,众筹模式中投资用户通过出资以获取未来的消费,产品或者服务在筹资阶段只是一个创意——虽然这种消费有很大的不确定性和风险性;同时这种消费也可以满足部分消费者对新鲜事物的好奇心,作为领先用户,他们愿意参与众筹活动体验前沿产品。从某种形式上说,出版众筹项目发起方是"借"大众的资金完成自己的出版项目;作为回报,出版众筹项目发起方要给予投资人某种回报,这种回报可以是物质上的(包括金钱、产品或股权等),也可以是精神上的。众筹模式最显著的特点之一就是使得出资用户和项目发起用户形成了一个整体,让整个项目的实施、融资、营销实现了一体化。

Geber 等(2014)[1]以扎根理论研究方法,通过半结构式访谈分析,总结了众筹项目发起用户的动机,包括获得资金、扩大知名度、与他人产生联系、保持控制、学习新的融资方法等;投资用户也即众筹参与者的动机包括获得一定的回报、帮助他人、成为社区的一部分、由于信仰的原因等。Brabhamd(2008)[2]通过对 iStockphoto 网络社区中的用户进行调查发现,获得金钱、提高个人技能和获得

---

[1] EM Gerber, JS Hui, MD Greenberg. Understanding the role of community in crowdfunding work[J]. Conference on Computer Supported Cooperative Work & Social Computing, 2014: 62-74.

[2] Brabhamd. Moving the crowd at istockphoto: The composition of the crowd and motivations for participation in a crowdsourcing application[J]. First Monday, 2008, 13 (6): 84-95.

乐趣是大众参与众筹行为的最重要的动机。Leimeister 等(2009)[1]研究表明,大众参与众筹项目的主要动机是因为参与者能够为自身带来某些利益,无论是经济报酬、乐趣、获得知识、职业发展、技能提升还是建立人际关系、成就感等。

一些学者将投资人参与动机分为逐利动机与非逐利动机。逐利动机也就是预期收益动机,而非逐利动机则包括了帮助他人、参与社区和信任。在出版众筹平台上,众筹发起者即出版企业或出版内容生产者通过向大众筹集资金的方式出版作品,项目成功后由众筹发起者履行回报承诺。在此过程中,大众与出版众筹发起者以及众筹平台进行交互作用,在这种交互过程中就涉及三方之间的信任问题。Agrawal 等(2015)[2]研究表明,大众参与众筹的行为与众筹发起者的信任保障有很大关系,众筹投资者与众筹发起者越熟悉,越会在项目早期进行投资参与。Lin 等(2013)[3]在实证研究中发现,众筹投资者会把社会网络当作是对众筹发起者"信任"的信号。

出版众筹的参与者在决策是否参与众筹项目时,角色扮演是重要的动机之一。Ordanini 等(2011)以 SellaBand、Trampoline 和 Kapipal 三家众筹网站为例,研究了用户参与众筹活动的动机。他把众筹分为风险投资、购买行为、慈善行为三种模式,用户在这几

---

[1] Leimeister J, Huber M, Bretschneideru. Leveraging crowdsourcing: activation supporting components for IT-based ideas competition [J]. Journal of Management Information Systems, 2009, 26(6): 197-224.

[2] Agrawal A, Catalini C, Goldfarb A. Crowdfunding: Geography, Social Networks, and the Timing of Investment Decisions [J]. Journal of Economics & Management Strategy, 2015, 24(2): 253-274.

[3] Lin M, Prabhala N, Viswanathan S. Judging Borrowers by the Company They Keep: Social Networks and Adverse Selection in Online Peer-to-Peer Lending[J]. Management Science, 2013, 7(59): 17-35.

种模式中扮演着不同的角色。以 SellaBand 为例,投资用户的动机更偏向于慈善性质,从某种程度来说,是自我价值实现的"移情";以 Kapipal 为例,投资用户的动机更倾向于参与众筹产品的生产,体现的是"参与感"。

综合已有的研究成果,笔者认为众筹参与者的动机可以从内部动机和外部动机两方面来描述其特征。外部动机来源于对众筹项目预期收益的刺激;内部动机主要是指出版众筹参与者在参与某项出版众筹项目时,主要受与个人相关的心理因素的影响,比如兴趣、利他主义倾向、自我价值实现的"移情"等。

2.2.4 众筹绩效的影响因素

国内外学者对众筹成功的影响因素主要从静态和动态两个维度展开研究。从静态维度来说,影响众筹绩效的主要因素有以下几点:

(1) 项目的特征。在传统融资模式中,项目的特征与质量是衡量项目是否能够成功融资的重要维度;在众筹模式中,是否也是如此呢?有的学者认为该维度对众筹的影响不像传统融资模式那么明显,有的学者则认为这仍然是一个重要维度。Mollick(2014)以 Kickstarter 为研究对象,通过对 48 500 个众筹项目进行的特征要素分析,发现项目的筹资规模、持续时间、项目类型、质量等因素对项目众筹绩效都有显著影响。研究结果表明,在众多众筹项目中,筹资规模较小的项目有更多人愿意参与,也更容易成功,而大型项目筹资比较困难;从项目类型上看,软件、游戏、产品设计以及图书出版等实体产品的众筹更容易获得成功。项目众筹的持续时间与众筹成功概率成反比,产生这种现象的原因可能是较长的筹资时间会被看作是对众筹项目不自信的表现,这对投资者来说是一种消极的信号。在质量方面，已有研究表明质量作为最能反映项目特征的变量，在融资过程中起到了至关重要的作用。Mollick 的研究（2014）表明可识别的质量信号，也即感知质量，能够预测项目众筹能否成功，比如该项目是否提供准确的影像描述、是否有持续更新、是否有拼写错误等质量信号与项目众筹能否成功有显著关系。刘志迎和程倩倩（2015）[①]根据成本收益理论建立模型，考虑众筹项目感知质量和报酬率两大因素的变化对众筹投资方的期望效用的影响作用，结果发现，众筹项目感知质量和报酬率通过影像众筹投资方的期望效用，进而激励众筹项目投资主体。

（2）众筹主体。众筹模式主要包含三大要素，即众筹项目发起方、投资方以及众筹平台。Mollick（2014）研究发现，个人社交网络是影响众筹成功融资的重要因素，社交网络是连接众筹项目发起人和投资者之间的重要渠道。在众筹项目中，项目发起人的社交网络关系是其获得初始资金的重要来源，社交网络的强弱对众筹项目融资成功的可能性有正向影响。Zheng 等（2016）[②]以社会资本理论为基础，实证分析了多维度社会网络资本在众筹活动中所扮演的角色，研究发现项目发起人的社会网络连接、与投资者之间的沟通以及对产品的展现对众筹融资成功均有显著正向影响。Hobbs 等（2016）[③]研究了创意众筹项目融资成功的因素。他

[①] 刘志迎,程倩倩.众筹中创新项目质量和报酬率的激励效应研究[J].上海管理科学,2015,37(3): 13-18.

[②] Zheng HC, Hung JL, Qi ZH, Xu B. The role of trust management in reward-based crowdfunding[J]. Online Information Review, 2016, 40(1): 97-118.

[③] Hobbs J, Grigore G, Molesworth M. Success in the management of crowdfunding projects in the creative industries[J]. Internet Research: Electronic Networking Applications and Policy, 2016, 26(1): 146-166.

们通过对 Kickstarter 上 100 个影视项目进行分析,研究影响这些众筹项目融资成功的变量,结果发现,项目发起方的人力资源和财政资源会对众筹成功起到至关重要的作用。

此外,在众筹项目中,大众对项目发起人的形象认知也会对众筹是否能够成功产生重要影响,形象认知度高的项目发起者或团队,能够吸引更多的关注与投资。Chaudhuri & Holbrook(2001)[①]认为,一些取得较大成功的众筹项目,依靠的正是项目发起者的名人效应。Mollick(2014)通过实证研究指出,投资者对众筹项目的评论数量与项目发起人的社交广度,是众筹项目发起人及项目形象认知度的体现。

(3) 其他因素。有学者从地理距离、文化距离等因素着眼,揭示这些因素与众筹成功的关系。Agrawal 等(2010)指出,众筹最显著的特点之一是投资者的地理分散性,基于互联网的众筹模式弱化了地理效应的影响。他们以 Sellaband 平台为研究对象,发现众筹项目发起者与投资者之间的距离大约在 4 828 千米以内,揭示了众筹模式下地理约束对投资者的效应减弱,但是地理距离因素依然在众筹过程中发挥重要作用。按照地理距离远近,可以将投资者分为"本地投资者"和"远方投资者"。"本地投资者"更容易在项目早期投资,而且不容易受到周围其他投资者的影响。研究结果说明,众筹平台因为监管的能力、信息收集的优势和投资的便捷性,消除了部分和地理距离有关的矛盾,但是却没有消除和社会因素有关的矛盾。Mollick(2014)在研究中指出,众筹项目发起者和投资者之间的距离接近度对众筹项目融资成功有着显著影响。

---

① Chaudhuri A., Holbrook M. B. The Chain of Effects from Brand Trust and Brand Affect to Brand Performance: The Role of Brand Loyalty[J]. Journal of Marketing, 2001, 65(2): 81-93.

Zheng等(2016)研究了中美文化差异对众筹融资成功的影响,证实了文化因素在众筹项目发起者社会资本和众筹成功之间的调节作用。研究还进一步发现"关系"对众筹成功的影响,中国比美国更加显著。

从动态维度来说,影响众筹成功的主要因素有以下几点:

(1) 筹资进度的变化。Kuppuswamy等(2013)[①]研究发现,许多潜在的投资者不会投资那些筹资总额快要达到投资要求的项目,因为他们会假定即使他们不投资,也会有其他人提供必要的支持。Agrawal等(2010)研究发现,潜在投资者的投资倾向随着筹资金额累计的增加而增大,当投资进度接近筹资目标时,投资会加快。对于投资者来说,更多的累计筹资金额意味着更多的投资者认为这个项目是高质量的,是值得投资的,高筹资金额向潜在投资者传达了项目高品质的信号。

(2) 不同时间节点。Rao等(2014)[②]研究发现,众筹过程中不同时间节点的资金流入能很好地预测众筹项目的成功率。为了更好理解这种时间上的动态性,Rao等(2014)利用决策树模型分析了众筹项目在整个众筹过程中的融资资金流时间序列集,研究结果表明,在项目众筹融资持续时间的10%、40%—60%以及发生在持续时间95%—100%的资金流一阶导数,对项目众筹成功的影响最为显著。根据其统计结果,投资资金的前15%能够预测项目众筹是否能够成功的概率达84%。

---

① Kuppuswamy V., Bayus, B. L. Crowdfunding creative ideas: The dynamics of project backers in Kickstarter[J]. SSRN Electronic Journal, 2013.

② Rao H., Xu A., Yang X., Fu W. T. Emerging Dynamics in Crowdfunding Campaigns[M]. Springer International Publishing, 2014.

2.3 出版众筹研究综述

2.3.1 出版众筹的界定

众筹模式的出现对出版产业的发展产生了深远影响。出版企业或出版内容生产者可以直接通过互联网众筹平台发起出版计划,展示他们的出版创意,筹集出版项目的资金,从而让用户参与到出版的生产和流通环节中,使得出版资源配置更加有效、出版服务更加精准。

从众筹的内涵可知,出版众筹是以互联网和社会化媒体为平台,在线面向大众筹集资金进行图书的出版与发行活动。出版项目发起方以未来出版产品或其他各种形式的奖励作为交换,来获取大众对出版项目的资金支持。在出版项目发起方允许的前提下,大众可以参与到出版内容的创作和生产中去。传统出版是先出书再有读者,众筹出版是先有读者再出书。

出版众筹(Publishing Crowding)作为一种创新的商业模式,使得出版产品的消费者不再是纯粹的读者,而是成为出版产品的参与者、生产者和投资者。出版众筹的出现,可以改变传统出版业效率低下、"盲目"生产等突出问题,给出版业的发展带来新的机遇和空间。出版众筹使得出版内容的选择权开始从传统出版机构的掌握中慢慢转移到消费者手中,意味着消费者在一定程度上能够决定出版内容生产。

出版众筹的兴起源于美国 Kickstarter 网站,它是目前最为成功和成熟的综合性众筹网站,其项目包括出版、电影、音乐、美术等13个大类。除了 Kickstarter 等综合性的众筹平台,也有许多专业的出版众筹平台,比如,与传统出版产业链深度融合的 Unbound,以及具有出版风投意味的 Ten Pages。这些出版众筹社区平台将粉丝经济、微支付与线上线下互动结合,已经形成了可观的发展规模①。

在出版众筹项目中,通常的回报形式一般有获得图书优先阅读权、作者亲笔签名的图书、读书或能够与作者面对面接触交流的活动入场券、将捐赠者的名字写入捐赠名单以及出版项目衍生产品等物质及精神上的回报方式。

2.3.2 出版众筹的特征

(1) 产品的可预测性

众筹模式广泛应用在影视、艺术、科技等各种文化创意领域。投资用户通常根据项目的介绍信息或项目提供的文字或影像描述等质量信号决定是否出资支持。这些项目一般会在众筹成功后才投入生产、创造和制作。由于信息的不对称等原因,众筹项目产品的预测性较低,最终可能会和发起众筹时的介绍及项目描述产生偏差,从而加大投资用户的风险。然而出版众筹项目的生产和创造最终呈现的是文字作品,项目的可预测性较强,因为这些文字作品通常在众筹前就已经基本完成,投资用户可以根据已经完成的文字作品来决定是否对该出版众筹项目进行支持,这减少了众筹过程的信息不对称,从而也降低了投资用户的投资风险。

(2) 产品创作的参与性

对出版众筹而言,出版物的创作和出版过程向投资用户(读

---

① Aitamurto Tanja. The Impact of Crowdfunding on Journalism [J]. Journalism Practice, 2011, 5(4): 56 - 61.

者)公开,并且允许投资用户参与。与电影众筹、科技众筹等不同的是,出版众筹始终体现着互动性,这种互动性有两层含义。一是自由交流。在目前的出版众筹平台上,每个出版众筹项目都会设置一个模块,用来及时公布和更新创作或出版的进度,并且开辟一个作者与读者、读者与读者的交流讨论区。感兴趣的读者可以随时对作者进行关注和支持,并可以针对该项目开展自由交流,与作者或其他参与者进行沟通,提出自己的意见或建议。二是参与创作。投资用户对出版众筹项目的支持不仅可以体现在资金支持方面,还可以体现在利用自身的知识与创作能力的优势参与出版作品的创作过程,这种互动是双向且能够及时反馈的。在众筹平台中,投资用户不仅可以在评论板块和讨论区中自由发言(发起人和其他投资用户也可以对评论的内容进行回复和讨论),而且可以参与出版作品的创作。比如,京东众筹上的《英国不装腔指南》一书的众筹,投资用户只要支付128元,便可以在书的第一页中加入自己私人订制的内容,该项目最终获得1 221人支持,共筹集资金63 428元。再比如,众筹网上的《知识工程2.0》一书的众筹,投资用户不仅可以获得《知识工程2.0》50本,还可以在众筹期内提交个人对知识工程的观点和见解,《知识工程2.0》的发起者将遴选符合全书整体风格和出版要求的文字,在本书适当位置以真实署名的方式发表。

2.3.3 出版众筹参与行为的影响因素

Agrawal等(2014)[1]研究认为投资用户对众筹项目的热情在

---

① Agrawal A, Catalini C, Goldfarb A. Some simple economics of crowdfunding [J]. Innovation Policy and the Economy, 2014, 14(1): 63-97.

很大程度上来自参与过程的享受,这超过对资金和利润的追求。吴喜雁和周建波(2015)[①]建立了众筹投资者决策影响因素的理论模型,通过问卷调研,采用 Logistic 回归方法,研究发现:投资者年龄、投资者利益保护、平台知名度、众筹项目定价、投资项目回报风险和项目本身风险对众筹投资决策具有显著影响。王高峰等(2016)[②]基于价值消费理论模型,构建了出版众筹投资者消费意愿影响因素模型,并通过对 322 份有效样本数据进行的模型检验和路径分析,发现功能价值、经济价值、情境价值、社会价值和认知价值对出版众筹投资消费意愿具有正向影响作用,而情感价值对出版众筹投资消费意愿的影响作用不显著。李子韵(2016)[③]以绩效期望、社会影响、促成条件、信任和利他主义 5 个因素为自变量,构建了出版众筹参与行为的影响因素模型,并进行了实证分析,研究认为:绩效期望、促进条件、信任和利他主义对投资用户参与出版众筹的行为有显著正向影响,社会影响对出版众筹用户参与意愿没有显著正向影响。杨扬、陈敬良(2017)[④]以 207 个有效样本为研究对象,采取实证方法,探讨了网络口碑、感知质量和感知品牌与出版众筹参与意愿的关系以及对投资者直接经验的调节作用,研究结果显示:网络口碑、感知质量和感知品牌对大众参与出版众筹的意愿均有显著正向影响;投资者的直接经验在网络口碑和出版众筹参与意愿之间起负向调节作用;在感知质量和出版众筹

---

① 吴喜雁,周建波. 大众参与众筹投资决策影响因素分析[J]. 科技进步与对策,2015(12):12-16.
② 王高峰,张淑林,吴亚娟. 互联网众筹出版投资者消费意愿影响因素研究——基于消费价值理论的实证分析[J]. 2016(5):32-36.
③ 李子韵. 众筹出版参与行为的影响因素研究[D]. 电子科技大学,2016.
④ 杨扬,陈敬良. 网络口碑、感知质量和感知品牌对出版众筹参与意愿的影响机制研究——基于直接经验的调节作用[J]. 预测,2017(1):28-40.

参与意愿之间，投资者的直接经验起正向调节作用；在感知品牌和出版众筹参与意愿之间，投资者的直接经验没有起到调节作用。

总结国内外学者关于出版众筹参与行为影响因素的研究，笔者认为出版众筹参与行为的影响因素主要包括动机因素和用户对出版产品的感知因素。本书着重从产品感知视角，通过实证分析，来探讨投资用户参与出版众筹行为的影响机理，以期为提高出版众筹的用户参与度提供新的思路。

2.3.4 出版众筹平台的运作机制

出版众筹的参与行为机理是研究出版众筹运作机制的基础。出版众筹运行机制的主体主要由出版众筹项目的发起方、投资方和众筹平台组成。由于众筹发展时间较短，相关研究相对较少。

黄玲和周勤(2014)[1]从激励的视角对众筹的运作机制进行了分析，认为众筹三大主体激励呈现异质性和相容性，只有合理地进行机制设计才能有效发挥正向激励，促进良性循环。郭新茹等(2014)[2]在对众筹平台双边市场特征进行研究梳理的基础上，构建了竞争性众筹平台的 Hotelling 模型，证明了众筹平台的利润受其所提供的服务差异化程度影响，且差异化程度越大，众筹平台的利润越高。在对国内外众筹平台的运营模式进行归类分析的基础上，重点对其在双边市场条件下所采取的差异化竞争策略进行了研究，并在分析众筹平台发展趋势的基础上，提出注重

---

[1] 黄玲,周勤.创意众筹的异质性融资激励与自反馈机制设计研究[J].中国工业经济,2014(7): 135-147.

[2] 郭新茹,韩顺法,李丽娜.基于双边市场理论的众筹平台竞争行为及策略[J].江西社会科学,2014(7): 79-84.

增值服务、提供高质量的差异化服务、构建知识产权保护体系等提升众筹平台竞争力的建议。陆冰和石岿然(2016)[①]以奖励型众筹为例，针对众筹项目发起者与众筹平台之间存在的信息不对称问题，建立了信号博弈模型，并深入分析了3种贝叶斯均衡，为众筹平台完善自身功能、持续稳定运作提供了相应建议。陈放(2016)[②]对我国出版众筹中知识产权保护的问题进行了研究，他认为，由于出版众筹项目在众筹平台上发布的信息存在着被模仿和侵权的风险，这会给出版众筹的健康运作和发展带来很大风险。他从信息披露制度和法律的角度提出了出版众筹知识产权保护的监管路径。黄河等(2014)[③]认为以内容为前提的群体参与、出版社反向介入、加强规范化运作是出版众筹未来发展的三个核心要素。黄玲等(2015)[④]基于平台经济学理论，从众筹平台的管控角度，对众筹平台的竞争策略作了分析，并就竞争中产生的负外部性及相应管控机制进行了探讨。王曙光等(2015)[⑤]认为众筹的运作机制包括项目筛选机制、阈值机制、反馈机制、激励机制、风险控制机制以及定价机制。他在研究中假定众筹对投资者的回报就是众筹产品本身，对众筹产品的定价就相当于研究投资人的回报率。

---

① 陆冰,石岿然.信息不对称下众筹平台发展策略的信号博弈分析[J].企业经济,2016(6):49-53.
② 陈放.我国出版众筹中知识产权保护的困境与监管路径[J].中国出版,2016(7):44-47.
③ 黄河,刘琳琳.出版众筹运作方式及发展路径[J].中国出版,2014(10):6-9.
④ 黄玲,周勤,岳中刚.众筹平台的双边市场性质与竞争策略：分析框架及研究进展[J].外国经济与管理,2015(11):15-24.
⑤ 王曙光,贺潇,贾镝.众筹模式的激励相容、运作机制与风险监管[J].金融与经济,2015(3):55-60.

2.3.5 出版众筹对出版产业的影响

彭莹(2016)[①]认为,出版众筹模式的出现让读者、作者、出版机构之间的关系被重新建构。传统模式下,作者和读者有着明确的分界,作者常常居于核心地位,具有某种权威性,出版社则是连接两端的内容生产者和加工者。而在众筹模式下,作者和读者的边界逐渐消解了,作者和读者的地位日渐平等,双方可以绕过出版社直接产生关联。出版众筹项目的参与者,同时承担着读者、利益分享者和意见领袖的角色。杨扬(2017)认为,众筹出版模式作为"出版+互联网+金融"的全新商业模式,使得整个传统出版产业链面临调整、裂变和重构。他从供需重构、价值重构、企业重构和关系重构四个方面分析了众筹出版产业链重构的特征,研究认为出版众筹平台可以形成融"作者—融资—出版—销售—读者"于一体的闭环产业链。徐艳(2014)[②]认为,出版众筹模式更像一个产业平台和创业孵化器,出版内容的来源,前期的加工、制作都可以通过众筹模式进行,通过众筹平台的运营管理,能够把创业者初期所需的资金、媒介推广、设计、印刷及出版发行等各种利益相关者联结起来,形成一个出版产业生态系统。钟建林(2015)[③]指出,在传统的封闭产业链条中,读者几乎不参与各个环节,而只作为最终的消费者被动接受出版物。然而,在出版众筹模式中,出版的大众化、社会化极其明显。出版众筹创造了一个和目标群体充分沟通

---

① 彭莹.众筹模式对出版产业链的影响和再造[J].出版科学,2016(3):65-68.
② 徐艳,胡正荣.众筹出版:从国际实践到国内实验[J].科技与出版,2014(5):10-14.
③ 钟建林.众筹出版的制约因素及对产业转型的影响[J].出版发行研究,2015(7):29-32.

的新方式,出版众筹发起者将在短时间内清楚获知读者对出版物选题的满意度、内容的认可度,读者将在很大程度上直接参与出版产业链的各环节。

2.4 本章小结

本章通过对相关文献的梳理,首先阐述了众筹的内涵、模式、参与者动机和绩效的影响因素等内容,进而对出版众筹的概念进行了界定,对出版众筹与其他众筹的区别进行了分析,总结了目前出版众筹参与行为影响机制研究的角度、方法和不足,同时从激励视角和管控视角对出版众筹平台运行机制的研究进行了综述,为后续研究奠定了基础。

第三章 出版众筹用户参与行为影响机制实证研究

在出版众筹领域,提高用户参与是出版众筹平台期待实现的核心竞争力,而影响出版众筹用户参与的因素和机制也是出版众筹平台竞争者亟待解决的问题。对出版众筹平台而言,如何通过厘清用户参与的影响因素和机制来针对性地提高用户参与呢？本章将对出版众筹平台的用户参与影响机制进行实证分析。首先提出本研究的理论假设,根据变量间的关系,构建理论模型。其次,在已有研究理论的基础上,结合出版众筹发展现状设计各个变量的测量量表,并对问卷进行信效度检验,确定问卷题项。再次,对调研问卷数据进行统计分析,运用结构方程模型对研究假设进行验证,并对信任的中介作用以及直接经验的调节作用分别进行验证,最终得到研究假设的验证结果。

3.1 研究基础

技术接受模型(Technology Acceptance Model,TAM)能够用于预测和解释分析人类对互联网的使用行为,该模型为本文实证研究出版众筹用户参与行为提供了理论支撑。TAM模型是在理性行为理论(TRA)和计划行为理论(TPB)基础上建立的动因模型,该模型由Davis(1989)[1]提出,专门用于研究用户接受与使用IT技术的行为意愿模式,主要目的是探寻外部因素对内部信念、态度和行为意愿的影响。考虑到主观行为标准和规范性的信念可能并不会对使用者接触IT技术产生影响,Davis(1989)在其提出的TAM模型中,舍弃了理性行为模型中的主观规范,引入了两个重要的感知信念:感知的有用性和感知的易用性,因此TAM模型包括:对IT技术的感知信念——感知的有用性(Perceived Usefulness)、感知的易用性(Perceived Ease of Use),对IT技术的使用态度(Attitute Toward Using)、使用的行为意愿(Behavioral Intention to Use)、实际使用(Actual System Use)。其中用户对技术的感知有用性和感知易用性是影响系统的最基本的两个因素。Davis并认为外部变量(如系统设计、用户特征、任务特征、组织政策等)会影响感知有用性和感知易用性,感知有用性和感知易用性又会影响个体对IT技术的态度,态度进一步影响用户使用系统的行为意愿,而行为意愿则影响着最终的实际使用行为(Actual Use);此外,感知易用性对感知有用性、感知有用性对行为意图也有直接影响。TAM模型如图3-1所示。

随着TAM模型的广泛运用,该模型的扩展模型也应运而生,其中最重要的扩展模型是由Venkatesh(2000)[2]提出的。研究认

---

[1] Davis F D. Perceived usefulness, perceived ease of use, and user acceptance of information technology[J]. MIS quarterly, 1989, 13(3): 319-340.
[2] Venkatesh V. Determinants of Perceived Ease of Use: Integrating Control, Intrinsic Motivation, and Emotion into the Technology Acceptance Model[J]. Information Systems Research, 2000, 11(4): 342-365.

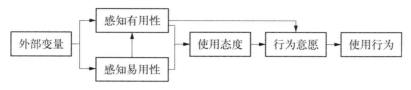

图 3-1 TAM 模型

为固定因素与变化因素影响用户的易用性感知,其中固定因素就是用户对计算机和计算机使用的感知,而变化因素是用户根据直接的使用经历而产生的感知上的变化。扩展模型中的影响因素大都来自 Davis 等(1992)[1]的研究。Venkatesh & Davis(2000)[2]在 TAM 模型基础上,从社会影响过程(Social Influence Processes)和认知工具过程(Cognitive Instrumental Processes)的角度,对外部变量进行了细化,并加入了经验(Experience)和自愿性(Voluntariness)两个调节变量,提出了 TAM 2 模型。其中,社会影响过程包括主观规范(Subjective Norm)、形象(Image)以及两个调节变量;认知工具过程包括工作相关性(Job Relevance)、产出质量(Output Quality)、结果展示性(Result Demonstrability)和感知易用性(Perceived Ease of Use),具体如图 3-2 所示。

TAM 模型被用来解释用户对新的 IT 技术接受或拒绝的原因,但后来又被学者加以扩展。Hsiao & Yang(2011)[3]使用因子

---

[1] Davis F D, Bagozzi R P, Warshaw P R. Extrinsic and Intrinsic Motivation to Use Computers in the Workplace[J]. Journal of Applied Social Psychology, 1992, 22(14): 1111-1132.

[2] Venkatesh V, Davis F D. A theoretical extension of the technology acceptance model: four longitudinal field studies [J]. Management science, 2000, 46 (2): 186-204.

[3] Chun Hua Hsiao, Chyan Yang. The intellectual development of the technology acceptance model: a co-citation analysis [J]. International Journal of Information Management, 2011, 31(2): 128-136.

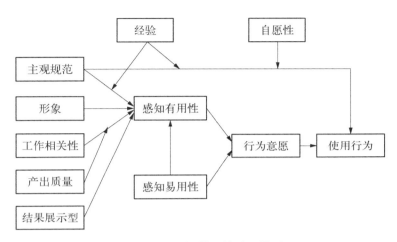

图 3-2 TAM 模型的扩展模型

分析、聚类分析等分析方法进行统计研究得出 TAM 模型的三个主要应用趋势,包括工作相关的系统、电子商务系统和享乐主义系统,本书主要讨论 TAM 模型在电子商务领域的应用。

Gefen 等(2003)[1]讨论了网站的熟悉度、个人性格、感知的易用性、感知的有用性和信任对网上消费者购买意愿的影响,结果显示潜在消费者的有用性感知和信任对网上购买意愿有显著的正向影响作用。他还把信任整合到 TAM 模型中讨论网上消费者信任和感知的有用性对消费者使用意愿的影响,结果表明感知的有用性和信任对网上消费者的使用意愿都有显著的正向影响作用。Heijden 等(2003)[2]从技术接受和信任的角度理解网上消费者的

---

[1] Gefen D, Karahanna E, Straub D W. Trust and TAM in online shopping: an integrated model[J]. MIS quarterly, 2003: 51-90.

[2] Heijden HVD, Verhagen T, Creemers M. Understanding online purchase intentions: contributions from technology and trust perspectives[J]. European Journal of Information Systems, 2003, 12(1): 41-48.

购买意愿,通过实证研究得出与信任相关的变量和技术相关的变量直接影响网上消费的态度。Al-maghrabi 等(2011)[①]讨论了网上消费者对购物网站的连续性使用意愿,运用结构方程模型和恒定性检验进行统计检验,研究结果指出感知的有用性、感知的娱乐性和社会压力决定着网上用户的连续使用意愿,并且感知的有用性对社会压力的影响作用在年轻的用户中间更为明显。Lee 等(2011)[②]讨论了网上消费者购买产品或服务的影响因素,通过回归模型得出研究结论:感知的价值、感知的易用性、感知的有用性、公司的声誉、用户的隐私权、网上用户信任、网站的可信度、网站的功能性分别对网上用户消费意愿产生显著的正向影响作用。Xu 等(2013)[③]的研究指出信息质量影响信息满意,系统质量影响系统满意,信息满意影响网站感知的有用性,而系统满意影响网站感知的易用性,感知的有用性和感知的易用性通过用户态度的中介作用影响用户的使用意愿——他们主要探讨了电子商务环境下信息质量和系统质量的重要作用。Pappas 等(2014)[④]研究讨论了线上用户消费经历对用户满意和消费意愿的调节作用,其中低消费经历的用户分别调节努力期望、成功期望、自我有效性和信任与

[①] Al-Maghrabi T, Dennis C, Bukhari S. Determinants of Continuance Intention (e-loyalty) for Online Flight Booking — The Case of Saudi Arabia[J]. Academy of Marketing, 2011.

[②] Lee C H, Eze U C, Ndubisi N O. Analyzing key determinants of online repurchase intentions[J]. Asia Pacific Journal of Marketing and Logistics, 2011, 23(2): 200-221.

[③] Xu J D, Benbasat I, Cenfetelli R T. Integrating service quality with system and information quality: An empirical test in the e-service context[J]. Management Information Systems Quarterly, 2013, 37(3): 777-794.

[④] Pappas I O, Pateli A G, Giannakos M N, et al. Moderating effects of online shopping experience on customer satisfaction and repurchase intentions [J]. International Journal of Retail & Distribution Management, 2014, 42(3): 187-204.

消费者满意之间的相关关系,但高消费经历的用户只影响信任与线上用户满意之间的相关关系。Rauniar等(2014)[①]在TAM模型的基础上讨论了影响用户使用Facebook的主要因素,研究结论认为感知的有用性和用户的信任对使用意愿有正向影响作用,且感知的易用性、感知的娱乐性和网站的性能对感知的有用性有正向影响作用。

综上所述,针对出版众筹用户参与行为的研究,可通过对TAM模型进行合理的扩展,增加一些外部变量、中介变量以及调节变量,结合其他不同的理论或模型进行整合等,来解释出版众筹用户的参与行为。

3.2 理论模型构建

本章的目的是研究出版众筹用户参与行为的影响机制。通过相关文献的回顾与梳理总结,笔者拟从期望收益、利他主义、感知体验、感知品牌、感知质量、感知价值和网络口碑的角度构建研究模型。首先拟验证上述7个因素对出版众筹用户参与意愿和参与行为的影响程度,同时进一步分析信任在感知体验、感知品牌、感知质量、感知价值以及网络口碑等方面对出版众筹用户参与意愿影响作用的中介效应,最后分析直接经验对感知体验、感知品牌、感知质量、感知价值和网络口碑与出版众筹参与意愿之间的调节作用。本研究模型包括自变量、因变量、中介变量和调节变量。其中,

---

① Rauniar R, Rawski G, Yang J, et al. Technology acceptance model(TAM) and social media usage: an empirical study on Facebook[J]. Journal of Enterprise Information Management, 2014, 27(1): 6-30.

期望收益、利他主义、感知体验、感知品牌、感知质量、感知价值和网络口碑为自变量，出版众筹参与意愿为因变量，直接经验为调节变量。出版众筹用户参与行为影响机制的理论模型如图3-3所示。

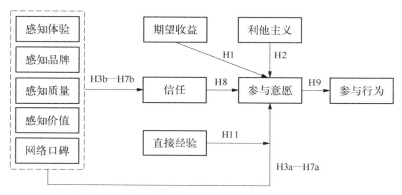

图3-3 出版众筹用户参与行为影响机制模型

3.3 研究假设

3.3.1 期望收益对出版众筹参与意愿的影响关系

期望收益（Expected Revenue）是指用户对参与出版众筹项目资金支持所能获得的预期回报。这里的期望收益包括物质收益和能够满足心理需求的非物质收益。物质收益主要是出版众筹的产品回报，包括出版的图书以及相关衍生产品等。非物质收益主要是精神上的收益，是不易测量的收益。Leimeister等（2009）[①]

[①] Leimeister J，Huber M，Bretschneideru. Leveraging crowdsourcing: activation supporting components for IT-based ideas competition [J]. Journal of Management Information Systems，2009，26(6)：197-224.

在对某网站用户的研究中指出,用户对获得报酬、建立人际关系以及获得工作机会的预期是影响其参与到社区中的重要因素。Armin & Benjamin (2010)[1]的研究表明,用户参与出版众筹项目除了物质回报以外,更多的是通过参与能获得一种成就感,以及别人的认可和自身心理上的满足。陶晓波(2016)[2]研究认为,用户通过出资赞助某个众筹而能增加个人声望,并增强该用户维持与该众筹项目间的关系以及联结意愿,这种收益能正向影响用户参与众筹的意愿。国内外学者的研究表明,用户参与出版众筹是因为能够为自身带来收益,满足自身的需求。用户的期望收益是其参与出版众筹意愿的重要影响因素。因此,基于上述分析,这里提出如下假设:

H1:期望收益对用户参与意愿有显著正向的影响关系。

3.3.2 利他主义对出版众筹参与意愿的影响关系

利他主义(Altruistic Behavior)的概念在哲学和社会科学领域有着悠久的历史。利他主义是指对别人有好处,且没有明显自私动机的自觉自愿的行为。从利他主义的定义中,可以看出利他主义包括如下特征:一是以帮助他人为目的;二是完全的无私行为,不期望有任何收益,包括物质和非物质的回报,例如荣誉或奖品;三是自愿自觉行为;四是利他者可能会有所损失。在经济学中,亚当·斯密提出了经济人的假设,尽管经济人的假设是从利己主义

---

[1] Armin Schwienbacher, Benjamin Larralde. Crowdfunding of Small Entrepreneurial Venture[M]. Oxford University Press, 2010.

[2] 陶晓波,范正芳,张欣瑞,等.众筹投资意愿影响机理研究[J].科技进步与对策,2016,9(17):25-30.

出发的,但与利他主义并不完全矛盾。他在《国富论》①和《道德情操论》②中对立他主义进行了论述,他认为经济人的行为受到利益动机驱使,追求自身的利益最大化;但是当经济人以利己主义发生经济行为或社会其他行为时,市场中"看不见的手"会指引经济人的利己行为产生利他效应,促进整个社会进步。亚当·斯密认为在经济或社会活动中都存在利他主义。在现实生活中,也会存在促进利他主义的因素,比如一些环境、情景或氛围可能会导致人们发生无私的利他行为。Lee 等(2011)③认为利他主义是自愿帮助别人解决问题的自发行为。Fang & Chiu(2010)④认为互联网中存在利他主义,一些用户会通过付出一定的成本自愿去帮助其他用户。目前国内有众多"公益众筹",项目内容多是帮助弱势群体筹集资金或助推濒危行业从业者达成愿望。出版众筹项目发起者,尤其是那些没有出版过任何作品的作者需要通过众筹资金的支持来完成其出版梦想,当人们愿意对这种行为进行无偿支持时,表现的就是一种利他主义。基于上述分析,提出如下假设:

H2:利他主义对用户参与意愿有显著正向的影响关系。

3.3.3 感知体验对出版众筹参与意愿和信任的影响关系

感知体验(Perceived Experience)是投资用户对出版众筹平台的视觉和触觉等方面的感官体验,以及对浏览和操作出版众筹平

---

① 亚当·斯密.国富论[M].北京:商务印刷馆,1997.
② 亚当·斯密.道德情操论[M].北京:商务印刷馆,1997.
③ Lee D., Park J. Y., Kim J., et al. Understanding music sharing behavior on social network services[J]. Online Information Review, 2011, 35(5): 716-733.
④ Fang Y. H., Chiu C. M. In justice we trust: Exploring knowledge sharing continuance intentions in virtual communities of practice[J]. Computer in Human Behavior, 2010, 26: 235-246.

台等方面的使用体验[1]。出版众筹感知体验主要体现在投资用户对出版众筹平台整体设计风格、页面布局以及出版众筹内容分类、众筹支付、平台交互等方面的感知认识。Merrilees 等(2002)[2]认为,用户是否能够便捷地在网站上找到需要的信息,对于在线消费十分重要。Shen & Chiou(2010)[3]认为有些网站操作比较复杂或困难,增加了用户在线消费的操作步骤,影响了用户的使用意愿。互动是感知体验的一种,主要是用户与平台客服人员及其他用户的交流互动,是用户对消费评价的主观感受。平台客服人员通过交流解决用户的疑问会给用户留下良好印象,会提高用户的消费意愿。Libai 等(2010)[4]认为用户之间的互动是信息在用户之间流动和转移的过程,这种信息的流动会对用户的消费或投资意愿产生影响。Ordanini 等(2011)对美国三个流行的众筹平台进行了研究,结果表明通过众筹平台与项目发起人的互动体验是影响众筹投资者投资积极性的重要因素。

一些学者认为用户的感知体验和信任存在紧密的联系。Lohse & Spiller(1998)[5]的研究表明,网站的导航设计、搜索、互动

---

[1] 毕达天,邱长波.B2C 电子商务企业-客户间互动对客户体验影响机制研究[J].中国软科学,2014(12):124-135.

[2] Merrilees B, Fry M L. Corporate branding: the ease of e-retailing[J]. Corporate Reputation Review, 2002, 5(2): 296-315.

[3] Shen C C, Chiou J S. The impact of perceived ease of use on Internet service adoption: The moderating effects of temporal distance and perceived risk[J]. Computers in human behavior, 2010, 26(1): 42-50.

[4] Libai B., Bolton R., Bugel, M. S. Customer to customer interactions: Broadening the scope of word of mouth research[J]. Journal of Service Research, 2010, 13(3): 267-282.

[5] Lohse G L, Spiller P. Electronic shopping[J]. Communications of the ACM, 1998, 41(7): 81-87.

等功能对用户信任产生作用。Morgan-Thomas & Veloutsou(2013)[①]指出,在线消费过程中,用户与在线客服进行互动,所获得的互动体验会产生信任。Komiak & Benbasat(2006)[②]则指出,用户过去的经验会对网站的感知体验和信任之间的关系产生调节作用,愉快的经验会让感知对信任的正向影响明显增强。出版众筹的感知体验是用户在出版众筹整个过程中产生的主观感受和评价。在出版众筹过程中,感知体验会让用户印象深刻并产生深远的意义,这些都会提升用户对出版众筹平台或出版众筹项目的信任程度。用户的感知体验评价越高,越能增进用户对出版众筹项目的信任。因此,基于上述分析,提出如下假设:

H3a:感知体验对用户参与意愿有显著正向的影响关系。

H3b:感知体验对用户信任有显著正向的影响关系。

3.3.4 感知品牌对出版众筹参与意愿和信任的影响关系

品牌在现代社会的消费文化中扮演着不可替代的角色。感知品牌(Perceived Brand,PB)是指大众对出版众筹项目发起者——出版企业、出版内容生产者或出版内容的形象和声誉的认知。出版众筹是互联网环境下产生的一种新型的出版方式,大众对此还比较陌生。在出版众筹活动中,大众往往把众筹出版项目的发起者、内容生产者或产品创意的知名度和声誉度作为投资决策的重

---

① Morgan-Thomas A, Veloutsou C. Beyond technology acceptance: Brand relationships and online brand experience[J]. Journal of Business Research, 2013, 66(1): 21-27.

② Komiak Sherrie Y. X, Benbasat Izak. The Effects of Personalization and Familiarity on Trust and Adoption of Recommendation Agents[J]. In MIS Quarterly, 2006, 30 (4): 941-960.

要依据。Chaudhuri & Holbrook(2001)[1]认为可靠性、安全性和诚实是构成大众信任品牌的主要方面。一些取得较大成功的出版众筹项目，依靠的正是"名人效应"和"粉丝效应"的叠加作用。Erdem等(2006)[2]的研究表明，品牌的可信赖性可以降低消费者的感知风险和信息成本，从而提高消费者对产品的期望效用。Smith & Wheeler(2002)[3]认为在网络环境下，品牌知名度和美誉度对消费者的决策行为有正向影响。这就是说，如果大众感知的众筹出版项目发起者的知名度和声誉度较高，他们会有更强烈的意愿投资该出版众筹项目。

信任是投资用户对出版众筹项目可靠性和真诚性所持有的信心。感知品牌而非实际品牌会影响信任。Kim等(2008)[4]指出，感知品牌是降低风险、建立信任的关键因素，因为它提供了企业过去履行义务的有关信息。品牌的建立依赖于企业在以往交易中表现出的诚实度。消费者Fournier(1998)[5]指出消费者倾向于将某些品牌视为生活中的伙伴、朋友，视为自我形象的延伸或自我价值的外在体现，因此品牌是消费者建立信任关系的

---

[1] Chaudhuri A., Holbrook M. B. The Chain of Effects from Brand Trust and Brand Affect to Brand Performance: The Role of Brand Loyalty[J]. Journal of Marketing, 2001, 65(2): 81-93.

[2] Erdem T, Swait J, Valenzuela A. Brands as signals: A Cross-Country Validation Study[J]. Journal of Marketing, 2006, 70(1): 34-49.

[3] Smith S, Wheeler J. Managing the Customer Experience: Turing Customers into Advocates [M]. London: Financial Times Prentice Hall, 2002. 255-270.

[4] D. J. Kim, L. Donald, H. Ferrin. A Trust-based Consumer Decision-making Model in Electronic Commerce [J]. Decision Support Systems, 2008, 44 (2): 544-564.

[5] Fournier S. Consumer and Their Brands: Developing Relationship Theory in Consumer Research[J]. Journal of Consumer Research, 1998, 24(4): 343-373.

有效目标[①]。消费者在消费品牌时会对品牌产生非常丰富的情感。消费者对品牌的情感越深,越容易忽视消费的品牌存在的潜在风险,进而会提升消费者的消费信任。在品牌与信任关系的研究中,大多数研究认为如果消费者对某品牌的印象以及感知很好,就表明其对该品牌具有正面情感反应,这有助于提升该品牌在其心目中的信任程度。McKnight 等(2002)[②]检验了用户对互联网企业信任的模型,研究发现品牌的声誉对用户关于企业的信任和消费意愿都有积极的影响。因此,基于上述分析,提出如下假设:

H4a:感知品牌对用户参与意愿有显著正向的影响关系。

H4b:感知品牌对用户信任有显著正向的影响关系。

3.3.5 感知质量对出版众筹参与意愿和信任的影响关系

感知质量(Perceived Quality,PQ)是指投资用户通过浏览众筹平台上众筹发起者描述的出版产品信息,对众筹出版产品的整体质量产生的认知[③]。相对于传统交易,互联网交易存在更大的信息不对称,大众通常很难预先对出版众筹项目的质量作出准确的评估。为了降低信息不对称形成的负面效应,众筹网站平台会通过特定的网页展示出版企业或出版内容生产者所要众筹的出版产品,并对该出版产品的特点进行详细、真实的说明和介绍。感知

[①] Chaudhuri A., Holbrook M. B. The Chain of Effects from Brand Trust and Brand Affect to Brand Performance: The Role of Brand Loyalty[J]. Journal of Marketing, 2001, 65(2): 81-93.

[②] Mcknight, D. Harrison, V. Choudhury, C. Kacmar. The Impact of Initial Consumer Trust on Intentions to Transact with a Web Site: A Trust Building Model [J]. Journal of Strategic Information Systems. 2002(11): 297-323.

[③] Zeithaml V A. Consumer Perceptions of Price, Quality, and Value: A Means-End Model and Synthesis of Evidence[J]. Journal of Marketing, 1988, 52(33): 2-22.

质量是大众通过浏览众筹网站平台上出版众筹发起者描述的出版产品信息，对众筹出版产品的质量的认知。出版众筹发起者主要通过文字和图片两个方面的信息来描述众筹出版的产品。众筹发起者可以通过文字来描述要众筹出版的产品信息，如作者信息、选题创意、内容介绍、项目详情等。此外，众筹发起者还可以通过提供设计的图片来展示众筹的出版物的品质、传递产品信息，如封面视觉、色彩、情感等。这些产品信息的质量很大程度上决定了用户的满意度和投资意愿。Liao 等（2006）[1]研究认为，真实可靠的文字描述信息和产品图片信息会正面影响消费者的决策意愿和行为。Diana（2008）研究认为，与传统消费模式相比，网络环境下消费者进行消费活动时，对网站服务质量的要求更高，因此感知服务质量显著影响消费者的消费意愿[2]。

Gefen 等（2003）从反应性、可靠性和保障性三个维度研究了感知质量和信任的关系，发现感知质量是提高用户信任的重要影响因素。Brown & Jayakody（2008）[3]的研究也发现，感知质量显著影响信任的提升。这就是说，真实而客观的出版众筹项目的图片和文字描述信息会增强用户对出版众筹项目的信任水平。换句话说，如果投资用户所感知的出版众筹项目的质量比较高，他们会对该项目以及项目发起者产生更高的信任。因此，基于上述分析，提出如下假设：

H5a：感知质量对用户参与意愿有显著正向的影响关系。

---

[1] Liao C, Palvia P, Lin H. N. The Roles of Habit and Website Quality in Ecommerce[J]. International Journal of Information Management，2006，26(2)：469-483.

[2] 钟凯.网络消费者感知价值对购买意愿的影响[D].辽宁大学，2013.

[3] Brown I, Jayakody R. B2C e-commerce success: A test and validation of a revised conceptual model[J]. Electronic Journal Information Systems Evaluation，2008，11(3)：167-184.

H5b：感知质量对用户信任有显著正向的影响关系。

3.3.6 感知价值对出版众筹参与意愿和信任的影响关系

消费者感知价值(Perceived Value)是消费者通过对比感知收益和感知付出后,对产品或服务的消费效用产生的感知。出版众筹的感知价值是指投资用户通过对所支持的出版众筹项目感知到的收益和成本进行比较之后,所产生的对投资出版众筹项目整体效用的评价。Zeithaml(1988)提出利用感知价值来衡量消费意愿的方法,研究结果发现消费者对产品的感知价值越高,对该产品的消费意愿就越大。Engel 等(1995)[1]研究指出,感知价值是在线消费者对利益得失的权衡,当消费者认为产品或服务给自己带来的收益大于付出的成本时,其感知价值为正,从而会产生在线消费意愿;当感知价值越大时,消费意愿就会越强烈。Jackie(2004)[2]分析了消费者感知价值与消费者满意的关系,研究表明,消费者感知价值比消费者满意更能使消费者产生消费意愿。一些学者对感知价值的维度进行了研究。Sheth 等(1991)[3]把消费者感知价值分为5个维度:功能价值、认知价值、情感价值、社会价值和情境价值。这些维度对消费者的产品选择产生影响。Williams & Soutar(2009)[4]

---

[1] Engel J F, Blackwell R D, Miniard P W. Consumer Behavior[M]. New York: The Dryden Press, 1995.

[2] Jackie L. M. Tam, Customer satisfaction, Service Quality and Perceived Value: An Integrative Model[J]. Journal of Marketing management, 2004(20): 897-917.

[3] Sheth J. N., Newman B. I., Gross, L. G. Why We Buy What We Buy: A Theory of Consumption Values[J]. Journal of Business Research, 1991(22): 159-170.

[4] Williams P., Soutar G. N. Value, Satisfaction and Behavioral Intentions in an Adventure Tourism Context[J]. Annals of Tourism Research, 2009, 36(3): 413-438.

提出的消费价值模型,把感知价值维度分为功能价值、情感价值、认知价值以及社会价值。曾江洪、黄锐(2015)[①]把众筹投资用户的感知价值分为回报功能价值、经济价值、独特价值和体验价值。回报功能价值源于回报的实用性,是用户对回报产品可信赖程度方面的感知;经济价值是用户在所付出的投资成本的基础上对某种产品或服务感知的价值;独特价值反映了投资用户由于产品的稀缺性、竞争性以及排他性而增加的对产品的渴求程度。体验价值是一种内在价值,是投资用户在众筹过程中获得体验的、情感的与实体利益无关的价值。研究认为,感知价值的这些维度会影响众筹投资用户的投资决策。尽管在上述学者的研究中,没有把社会价值作为感知价值的一个维度,但是对出版众筹而言,社会价值十分重要。社会价值是投资用户通过投资众筹出版产品而产生的社会意义的价值感知。投资用户对出版众筹产品的社会价值的感知也可能影响其投资意愿。

关于感知价值与信任之间的关系的研究,有学者认为用户的经验来源于日常生活中所累积的知识,比如评估产品功能、性价比和消费中的愉悦感等,因此感知价值会建立消费者对企业的认知经验,最终影响消费者的信任。Walter 等(2000)[②]研究认为,在线消费者会通过感知价值对某网站产生信任。孙强、司有和(2007)[③]探讨了用户感知价值、信任、满意度和忠诚度之间的关系,认为网

---

① 曾江洪,黄睿.众筹模式投资者感知价值维度研究[J].中南大学学报(社会科学版),2015(3):100-106.
② Walter A, Mueller T. A, Helfert G. The impact of satisfaction, trust, and relationship value on commitment [C]. Theoretical Considerations and Empirical Results in Proceedings of the 16th IMP Conference, 2000.
③ 孙强,司有和.网上购物顾客感知价值构成研究[J].科技管理研究,2007(7):185-187.

络用户通过感知价值影响信任。因此,基于上述分析,提出如下假设:

H6a:感知价值对用户参与意愿有显著正向的影响关系。

H6b:感知价值对用户信任有显著正向的影响关系。

3.3.7 网络口碑对出版众筹参与意愿和信任的影响关系

网络口碑(Online Word-of-Mouth,OWM)又称在线口碑或在线评论(Online Review),是指潜在的或实际的消费者在网络上发布的对某种产品、某种项目或某个企业的正面、负面或中立性的评论。网络口碑突破了时空限制,具有传播范围广、速度快等特点,对用户的消费或投资决策行为影响更大[1]。网络口碑已经成为用户了解出版众筹项目的重要途径,阅读在线评论已经成为用户参与出版众筹过程的重要环节。网络口碑可以分为三个维度,分别为口碑数量、口碑质量和口碑效价[2]。网络口碑传递的不仅是一条条的评论信息,还提供了作为一个整体的信息,包括对出版众筹产品评论的数量是多少、评论的质量如何、评论的效价是正面还是负面,以及正负各占多少比例等[3]。口碑的数量往往体现出

---

[1] 孟园,王洪伟,王伟.网络口碑对产品销量的影响:基于细粒度的情感分析方法[J].管理评论,2017(1):144-154.

[2] Dellarocas C, Zhang Xiaoquan, Awad N F. Exploring the Value of Online Product Reviews in Forecasting Sales: The Case of Motion Pictures[J]. Journal of Interactive Marketing, 2007, 21(4): 23-45.

[3] Lee J., Park D. H., Han I. The Effect of Negative Online Consumer Reviews on Product Attitude: An Information Processing View[J]. Electronic Commerce Research and Applications, 2008, 7(2): 341-352.

某种产品的被知晓度[1]。Senecal & Jacques(2004)[2]通过实验发现,对于一个给定的品牌,相对于没有在线评论资源的产品,消费者会选择有在线评论的产品;相对于来自非用户的评论信息资源,消费者会更加倾向于选择用户评论的信息。Lee 等(2011)[3]的研究指出,用户的消费意愿会随着网络口碑数量的增加而提高。这就是说,网络口碑数量越大,越能提高用户对出版众筹的投资意愿。口碑效价反映了在线评论的整体正负程度,是一种总体效价。根据口碑效价,在线口碑分为正面口碑和负面口碑。Dellarocas 等(2003)[4]研究发现,正面口碑正向影响消费者决策行为,负面口碑负向影响消费者的决策行为。其中,负面口碑的影响效应更大,相对于同样数量的正面口碑,其消极作用降低消费者消费的可能性会远远超过正面口碑增加的销量[5]。尽管如此,正面口碑会提高大众参与出版众筹的意愿也存在一定的不确定性。Ratchford 等(2001)[6]研究认为,如果网络正面口碑的质量不高,没有提供充

---

[1] Park D. H, Lee J., Han I. The Effect of On-Line Consumer Reviews on Consumer Purchasing Intention: The Moderating Role of Involvement[J]. International Journal of Electronic Commerce, 2007, 11(4): 125-148.

[2] Senecal Sylvain, Jacques Nantel. The influence of online product recommendation on consumer's online choices[J]. Journal of Retailing, 2004(80): 159-169.

[3] Lee J. Park D. H., Han I. The Different Effects of Online Consumer Reviews on Consumers' Purchase Intentions Depending on Trust in Online Shopping Malls, an Advertising Perspective[J]. Internet Research, 2011, 21(2): 187-206.

[4] Dellarocas C. N. The Digitization of Word-of-Mouth: Promise and Challenges of Online Feedback Mechanisms[J]. Management Science, 2003, 49(10): 1407-1424.

[5] Chevalier J. A., Mayzlin D. The effect of word of mouth on sales: Online book reviews[J]. Journal of Marketing Research, 2006, 43(3): 345-354.

[6] Ratchford B. T., Talukdar D., Lee M. S. A Model of Consumer Choice of the Internet as an Information Source[J]. International Journal of Electronic Commerce, 2001, 5(3): 7-22.

足的信息,用户是不容易接受和相信这些在线评论内容的。Park等(2011)研究表明,网络口碑的质量主要包括评论内容的客观性、可靠性、相关性和充足性。只有当评论内容具体、清晰、客观、可靠时,用户才会认为这些评论信息是有效和有用的;反之,评论信息主观、片面、情绪化、不够具体时,用户会认为这些评论信息是无用和无效的。Jimenez & Mendoza(2013)[1]的研究指出,质量更可靠的网络口碑会提高消费者的消费意愿。这就是说,当网络口碑是正面口碑时,口碑质量越高,越能提高用户对出版众筹的投资意愿。

网络口碑是出版众筹项目发起者建立信任的重要影响因素,尤其是对投资用户初始信任的培育至关重要。因为投资用户没有出版众筹的参与经验,了解其他用户的口碑可以降低用户对出版众筹交易中的风险感知。Mcknight & Chervany 等(2002)[2]的研究显示,在互联网环境中,当消费者感受到正向的产品质量时,其对产品的信任程度也更高。Park 等(2007)[3]研究认为,用户阅读评论的一个重要目的就是降低感知风险,因此评论数量越多,越能表明产品受消费者欢迎,也越能提升用户对该产品的信任。因此这里再提出如下假设:

H7a:网络口碑对用户参与意愿有显著正向的影响关系。

---

[1] Jimenez F R, Mendoza N. A. Too Popular to Ignore: The Influence of Online Reviews on Purchase Intentions of Search and Experience Products[J]. Journal of Interactive Marketing, 2013, 27(3): 226-235.

[2] McKnight H, Chervany N L. What Trust Means in E-commerce Customer Relationships: An Interdisciplinary Conceptual Typology[J]. Journal of Electronic Commerce, 2002, 6(2): 35-59.

[3] Park D. H. and J. Lee, et al. The effect of on-line consumer reviews on consumer purchasing intention: The moderating role of involvement[J]. International Journal of Electronic Commerce, 2007, 11(4): 125-148.

H7b：网络口碑对用户信任有显著正向的影响关系。

3.3.8　信任对出版众筹参与意愿的影响关系

互联网环境中的交易关系，是一种陌生人之间的交易关系，用户之间存在着较大信息不对称，此时信任就显得特别重要。Gefen(2000)[①]研究认为影响用户在线消费的主要消极因素就是在线消费者不信任网站和网上的卖家。对出版众筹来说，网络用户不能审查出版众筹项目提供者的信息是否可靠，也对支付的安全性有疑虑，这些消极因素会影响用户对出版众筹项目的信任，从而影响他们的投资意愿。如果出版众筹网站平台不能满足用户的信任，对于用户来说就不能期望从出版众筹活动中获取任何利益和价值。Gefen等(2003)研究认为网络用户信任在用户对网站的接受意愿上起关键决定因素，当用户相信该网站，并且认为该网站对他们是有益的，他们将有意愿参与该网站。Chen等(2009)[②]对淘宝和易趣的交易进行了分析，研究发现用户间互动交往的增加会增强用户之间的信任，用户间信任的增强又会促进用户对交易平台的信任，最终形成用户对交易平台的参与意愿。Casaló等(2011)[③]研究表明，在虚拟社区中，用户的信任对用户获取信息意

[①] Gefen D. E-commerce: the role of familiarity and trust[J]. Omega, 2000, 28(6): 725-737.

[②] Chen J, Zhang C, Xu Y. The Role of Mutual Trust in Building Members' Loyalty to a C2C Platform Provider[J]. International Journal of Electronic Commerce, 2009, 14(1): 147-171.

[③] Casaló L. V., Flavián C., Guinalíu M. Understanding the intention to follow the advice obtained in an online travel community[J]. Computers in Human Behavior, 2011, 27(2): 622-633.

愿和消费意愿有影响。Pizzutti & Fernandes(2010)[①]研究认为,在线用户的信任影响用户消费意愿,并且,与对卖家的信任相比,在线用户对网站的信任对在线用户消费意愿的影响更大。Liu & Goodhue(2012)[②]的研究结果表明,在线用户的信任是影响用户消费意愿的重要因素。Giannakos 等(2014)[③]对用户的在线消费经验是否调节用户信任对消费意愿的影响进行了研究,结果发现:用户信任显著正向影响用户消费意愿,用户的在线消费经验在用户消费意愿与信任的关系之间不起调节作用。Aljukhadar 等(2010)[④]研究指出,对于高消费经验的用户,信任对消费意愿的影响随经验的增多而减少;对于低消费经验的用户,信任对消费意愿的影响随经验增多而增加。Schlosser 等(2006)[⑤]研究指出,搜索型用户的能力信任对其消费意愿有显著影响,浏览型用户的正直信任对其消费意愿的影响更显著。陈明亮等(2008)[⑥]研究了信任

[①] Pizzutti C, Fernandes D. Effect of recovery efforts on consumer trust and loyalty in e-tail: a contingency model [J]. International Journal of Electronic Commerce, 2010, 14(4): 127-160.

[②] Liu B Q, Goodhue D L. Two Worlds of Trust for Potential E-Commerce Users: Humans as Cognitive Misers[J]. Information Systems Research, 2012, 23(4): 1246-1262.

[③] Giannakos M N. Moderating effects of online shopping experience on customer satisfaction and repurchase intentions[J]. International Journal of Retail & Distribution Management, 2014, 42(42): 187-204.

[④] Aljukhadar M, Ouellette S S D. Can the Media Richness of a Privacy Disclosure Enhance Outcome? A Multifaceted View of Trust in Rich Media Environments[J]. International Journal of Electronic Commerce, 2010, 14(4): 103-126.

[⑤] Schlosser A E, White T B, Lloyd S M. Converting Web Site Visitors into Buyers: How Web Site Investment Increases Consumer Trusting Beliefs and Online Purchase Intentions[J]. Journal of Marketing, 2006, 70(2): 133-148.

[⑥] 陈明亮,汪贵浦,邓生宇,等. 初始网络信任和持续信任形成与作用机制比较[J]. 科研管理,2008,29(5):187-195.

对消费意愿的作用机制,结果显示能力信任、善意信任和正直信任对用户的消费意愿产生影响。Jarvenpaa 等(2000)[1]的研究表明,用户对网上卖家的信任程度越高,越能降低他们的感知风险,从而增强其消费意愿。Ha(2004)[2]的研究表明,用户对网站的信任会让他们经常使用该网站,并会对该网站产生消费意愿。林家宝等(2011)[3]研究了消费者信任的动态演变过程,结果显示:信任直接或间接影响用户的消费行为,用户消费后的评价影响消费满意度,满意度较高会提高用户的信任水平,新的信任水平又会影响用户未来的消费行为。因此这里提出如下假设:

H8:用户信任对出版众筹参与意愿有显著正向的影响关系。

3.3.9 出版众筹参与意愿对参与行为的影响关系

出版众筹参与意愿是指用户参与出版众筹的主观态度,是其参与众筹行为的意愿强度。参与行为是指用户参与出版众筹投资的实际行为。Davis(1989)提出的技术接受理论认为,行为意愿是参与行为的最有力的预测指标,行为意愿和参与行为两者之间存在着极强的正相关关系。行为意愿虽然在一定程度上能够导致行为发生,但在某些情况下,行为意愿并不能导致行为的最终发生,甚至有可能出现不一致的情况。Kukar-Kinney & Close(2010)[4]

---

[1] Jarvenpaa S. L., Tractinsky N., Vitale M. Consumer Trust in an Internet Store[J]. Information Technology and Management, 2000, 1(2): 45-71.

[2] Ha H. Factors influencing consumer perceptions of brand trust online[J]. Journal of Product & Brand Management, 2004, 13(5): 329-342.

[3] 林家宝,鲁耀斌,张金隆. 基于 TAM 的移动证券消费者信任实证研究[J]. 管理科学,2009(5): 61-71.

[4] Kukar-Kinney M. and A. G. Close. The determinants of consumers' online shopping cart abandonment[J]. Journal of the Academy of Marketing Science, 2000, 38(2): 240-250.

提出的消费抑制因素理论(Purchase Inhibitors Theory)认为,消费者在线消费过程中会遇到某些消费的抑制因素,这些抑制因素会引发消费者取消消费过程,比如个人的经济状况、等待更合适的价格、隐私和安全因素等。消费抑制因素的存在会使消费者虽然产生了消费意愿,却最终没有发生消费行为。尽管如此,笔者认为用户参与出版众筹投资的意愿越强烈,最后参与出版众筹投资的实际行为的概率也越高。基于上述分析,提出如下假设:

H9:出版众筹参与意愿对用户参与行为有显著正向的影响关系。

3.3.10 信任的中介作用

在互联网环境下的出版众筹活动中,信任是对用户参与行为最重要的影响因素之一。用户感知体验会通过信任影响出版众筹参与意愿,较好的用户感知体验会促进用户对出版众筹平台以及出版众筹项目的信任,且用户的信任会对用户参与出版众筹的意愿产生正向影响。一些学者的研究表明,在网络消费环境下,用户感知体验对信任与消费意愿有着直接的影响作用。Chircu(2000)[1]研究指出,互联网环境下,信任是消费者的中介变量。Suntornpithug & Khamalah(2010)[2]对感知体验与在线消费行为的关系作了研究,结果表明:感知体验正向影响用户信任,继而用户信任对消费意愿产生正向作用。

---

[1] Chircu A M, Davis G B, Kauffman R J. Trust, Expertise and E-commerce Intermediary Adoption [M]. Proceedings of the Sixth Americas Conference on Information Systems. Long Beach, CA, 2000.

[2] Suntornpithug N, Khamalah J. Machine and Person Interactivity: The Driving Forces Behind Influences on Consumers' Willingness to Purchase Online[J]. Journal of Electronic Commerce Research, 2010, 11(4): 299-325.

感知品牌也会通过用户信任对出版众筹参与意愿产生影响，用户的感知品牌会促进用户对出版众筹平台以及项目的信任，并且用户的信任会正向影响用户参与出版众筹的意愿。Howard 在 1989 年提出的消费者决策模型中指出，消费者的品牌消费过程经历了三个阶段：第一，消费者由产品的相关信息产生对品牌的认知；第二，品牌的认知逐渐转化为对产品的信任；第三，信任影响消费者对产品的消费意愿和决策[1]。Koufaris & William(2004)[2]的研究表明，消费者对企业品牌声誉的感知形成了消费者的初始信任，从而对消费者的消费意愿产生重要影响。

在互联网环境下，感知质量也会通过用户信任影响用户参与出版众筹的意愿，感知质量会提升用户对出版众筹平台以及项目的信任，并且用户的信任会对出版众筹参与意愿产生积极影响。Kim 等(2005)[3]认为感知质量越高，用户对在线卖家的初始信任就会越强，进而会有效降低用户感知的不确定性。有学者认为信任在感知价值与用户的消费意愿关系中起到中介作用。感知价值会通过用户信任影响用户参与出版众筹的意愿，感知价值会增强用户对出版众筹项目的信任，进而用户的信任会对出版众筹参与意愿产生正向影响。孙强、司有和(2007)研究指出，用户感知价值会影响用户的信任感，用户的信任感又会对用户的消费意愿产生正向影响。

---

[1] 贺爱忠,李钰.商店形象对自有品牌信任及购买意愿影响的实证研究[J]. 2010,2(13)：79-89.

[2] M. Koufaris, H. S. William. The Development of Initial Trust in an Online Company by New Customer[J]. Information & Management，2004(41)：377-397.

[3] Kim D J, Song Y I, Braynoy S B, Rao H R. A Multidimensional Trust Formation Model in B-to-C E-commerce: A Conceptual Framework and Content Analysis of Academia/Practitioner Perspectives[J]. Decision Support Systems, 2005, 40(2)：143-165.

一些学者的研究表明,信任在网络口碑与用户的消费意愿关系中起到中介作用。李慧(2008)的研究显示,用户的信任在负面网络口碑与用户购买行为关系中起到显著的中介作用。Awad(2008)[①]关于网络口碑对消费者消费决策及意愿的影响研究认为,信任在其中起着重要的中介作用。

基于以上分析,这里提出如下假设:

H10:在感知体验、感知品牌、感知质量、感知价值以及网络口碑和出版众筹参与意愿之间,信任充当部分中介变量。

H10a:在感知体验和出版众筹参与意愿之间,信任充当部分中介变量。

H10b:在感知品牌和出版众筹参与意愿之间,信任充当部分中介变量。

H10c:在感知质量和出版众筹参与意愿之间,信任充当部分中介变量。

H10d:在感知价值和出版众筹参与意愿之间,信任充当部分中介变量。

H10e:在网络口碑和出版众筹参与意愿之间,信任充当部分中介变量。

3.3.11 直接经验的调节作用

直接经验(Direct Experience,DE)是投资用户参与出版众筹项目而获得的知识积累。直接经验普遍被认为是行为主体对特定情境熟悉程度的反映,也通常被认为是行为主体掌握相关知识或

[①] Awad Neveen F. et al. Establishing trust in electronic commerce through online word of mouth: an examination across genders[J]. Journal of Management Information Systems,2008,24(4):101-121.

专业能力程度的替代变量。Rodgers 等（2005）[①]研究认为，在消费者行为领域，直接经验既是消费者熟悉相关情景程度的直接前提，也是其专业水平的强力预测因子。而熟悉程度和专业能力水平直接决定了消费者在特定情景下的决策能力。在参与投资出版众筹项目的初始阶段，对于没有出版众筹经验的用户来说，没有能力准确地判断众筹发起者描述的产品质量的好坏；这时，他们通常会转而通过网络口碑和感知众筹品牌去判断产品的质量。因此，相对于出版众筹发起者在众筹平台提供的信息，出版众筹经验少的用户会认为感知品牌和其他投资参与者提供的信息更可靠，他们参与出版众筹项目的意愿会过多地依赖于品牌和其他投资者的口碑和评论。Childers（1986）[②]发现大众在消费或投资的过程中无论是在信息收集，还是在消费或投资决策阶段都会受到其过去的知识和经验等因素的影响。Rodgers 等（2005）认为直接经验增强了消费者网上消费的适应感，从而有效地降低了消费者感知的不确定性，进而增强了消费者的决策能力。出版众筹经验丰富的投资者，拥有较多相关知识，有信心、能力和意愿在网络众筹平台上完成出版众筹的交互过程。而且，投资出版众筹成功经验的增加会增强投资参与者的自我效能，提升投资者对以后成功交易的预期，使得投资者不太会关注他人对产品的评价，反而会更具有独立判断的能力，更多关注出版众筹发起者对产品的详细描述，更加关注与出版众筹发起者的沟通反馈信息。因为这些投资者有能力通过

[①] Rodgers W, Negash S, Suk K. The Moderating Effect of On-line Experiences on the Antecedents and Consequences of On-line Satisfaction[J]. Psychology and Marketing, 2005, 22(4): 313-331.

[②] Childers T L. Assessment of the Psychometric Properties of an Opinion Leadership Scale[J]. Journal of Marketing Research, 1986, 5(1): 184-189.

浏览众筹发起者提供的出版内容描述信息来感知产品质量,对比和选择质量好的出版众筹项目。这就是说,直接经验会造成感知体验、感知品牌、感知质量、感知价值和网络口碑对出版众筹参与意愿的不同强烈程度。因此,这里提出如下假设:

H11：直接经验对感知体验、感知品牌、感知质量、感知价值和网络口碑与用户参与出版众筹意愿的关系具有调节作用。

H11a：直接经验对感知体验和出版众筹参与意愿的关系具有调节作用,直接经验越少,感知体验与用户参与出版众筹的意愿关系越弱,反之则越强。

H11b：直接经验对感知品牌和出版众筹参与意愿的关系具有调节作用,直接经验越少,网络口碑与用户参与出版众筹的意愿关系越强;反之,网络口碑与大众参与出版众筹意愿的关系则越弱。

H11c：直接经验对感知质量和出版众筹参与意愿的关系具有调节作用,直接经验越少,感知质量与用户参与出版众筹的意愿关系越弱;反之,感知质量与用户参与出版众筹意愿的关系则越强。

H11d：直接经验对感知价值和出版众筹参与意愿的关系具有调节作用,直接经验越少,感知质量与用户参与出版众筹的意愿关系越弱;反之,感知质量与用户参与出版众筹意愿的关系则越强。

H11e：直接经验对网络口碑和出版众筹参与意愿的关系具有调节作用,直接经验越少,网络口碑与大众参与出版众筹的意愿关系越强;反之,网络口碑与大众参与出版众筹意愿的关系则越弱。

3.4 研究设计

为了对提出的理论模型进行检验,需要构建出版众筹用户参与行为模型的研究方法,包括模型中各研究变量的测量指标的选择、含义与来源,对模型调查问卷进行小样本测试和问卷修正,对问卷进行信效度检验,最终形成调查问卷。

3.4.1 问卷设计

3.4.1.1 问卷设计的思路

本书讨论出版众筹用户参与行为的影响机制,问卷中应该包括期望收益、利他主义、感知体验、感知品牌、感知质量、感知价值、网络口碑、信任、参与意愿、参与行为和直接经验等 11 个变量的测度题项。考虑到现有的出版众筹平台较多,不同的出版众筹平台针对的用户群体存在差异,不同的用户对出版众筹平台的偏爱程度不同、个体需要不同,问卷主要针对国内众筹网、京东众筹以及淘宝众筹三大出版众筹平台进行调查,这样的设计能够使用户充分表达对某一出版众筹平台众筹活动的真实体验,从而能够确保调研数据更具代表性。本研究采用 7 点李克特测度量表,分值设定为 1—7,其数值的大小与认可程度呈正相关,数值越大表示用户对该题项的认可程度越高,如 1 表示对该题项的内容完全不同意,而 7 表示对该题项的内容完全同意。被调查者的基本信息主要包括性别、年龄、教育程度、职业、月薪等内容。

3.4.1.2 问卷开发

调查问卷的开发必须使其具备较高的效度和内部一致性，相关变量测量题项的设定必须易于被调查用户理解而不能产生歧义，并使被调查用户方便填写，确保能够使被调查用户充分表达真实的意思，得到准确的调查数据。调查问卷的开发主要分为以下几个过程：

（1）设计变量的测度量表。主要借鉴已论证的成熟量表，并结合本书的研究主题进行设计。

（2）深度访谈。本书选择笔者身边有过出版众筹经历的同学、朋友、同事等进行深度访谈，共同探讨问卷题项的设置是否科学合理，语义是否清楚、有无歧义，是否符合目前我国出版众筹的实际情况。

（3）初始问卷。通过上述两个步骤，形成适合我国目前出版众筹环境下的期望收益、利他主义、感知体验、感知品牌、感知质量、感知价值、网络口碑、信任、参与意愿、参与行为和直接经验等变量的初始调查问卷。为保证题项的准确且不会产生歧义，结合文献和深度访谈对题项进行了细致的论证。比如在很多文献中，"出版众筹"也被叫作"众筹出版"，所以在问卷中"出版众筹"与"众筹出版"交替出现。

（4）预测试。对设计好的初始问卷进行小规模的局部发放，对回收到的有效问卷进行信效度检验，从而对初始问卷进行优化。

（5）形成问卷。基于预测试中被调查用户的反馈意见，修改完善并最终形成适合进行调查的问卷。

3.4.2 变量测度

本研究调查问卷的变量测度包括期望收益、利他主义、感知体验、感知品牌、感知质量、感知价值、网络口碑、信任、参与意愿、参与行为和直接经验11个变量的测度。期望收益的测量指标和含义主要参考了Ryan & Deci(2000)[1]、Kim & Foresythe(2009)[2]相关研究中的测量项,并结合我国出版众筹的特点,设计测度题项。利他主义的测量指标的选择主要参考了Lambert & Schwienbache(2010)、Elizabeth等相关研究(2013)[3]中的测量项并进行了综合处理。感知体验的测量题项主要借鉴Schmitt(1999)、Pullman(2003)[4]、Qi等(2009)[5]等学者在研究中采用的成熟量表,并结合出版众筹的特点,设计测度题项。对出版众筹项目感知品牌的测量指标主要借鉴了Koufaris & William(2004)[6]、Ha等(2006)[7]的成熟量表,并结合出版众筹的特点,设计测度题项。感知质量是投资用户对出版众筹平台上所展示的出版众筹项目的整体性评价。感知质量的测量指标的选择主要参考了

---

[1] Ryan R, Deci E. Intrinsic and extrinsic motivations: classic definitions and new directions[J]. Contemporary Educational Psychology, 2000(25): 54-67.

[2] Kim J, Forsythe S. Adoption of sensory enabling technology for online apparel shopping[J]. European Journal of Marketing, 2009, 43(10): 1101-1120.

[3] Elizabeth M. Gerber, Julie S. Hui, Pei-Yi Kuo. Crowdfunding: Why People Are Motivated to Post and Fund Projects on Crowdfunding Platforms[J]. Journal of Business Research, 2013.

[4] Pullman M E, Gross M A. Welcome to Your Experience: Where You Can Check out Anytime You'd like, but You Can Never Leave[J]. Journal of Business & Management, 2003, 9(3): 215-232.

[5] Qi J, Li L, Li Y, et al. An Extension of Technology Acceptance Model: Analysis of the Adoption of Mobile Data Services in China[J]. Systems Research and Behavioral Science, 2009, 26(2): 391-407.

[6] Koufaris M, William H S. The Development of Initial Trust in an Online Company by New Customer[J]. Information & Management, 2004(41): 377-397.

[7] Ha Hong-Youl. An Integrative Model of Consumer Satisfaction in the Context of E-Services[J]. International Journal of Consumer Studies, 2006, 30(2): 137-149.

Ranganathan 等(2002)[①]、Wolfinbarger & Gilly(2003)[②]相关研究中的量表,并结合出版众筹项目的特点,设计测度题项。感知价值的测量题项主要借鉴了 Bourdeau 等(2002)[③]、Parasuraman 等(2005)[④]、Sweeney(2001)[⑤]等相关研究中的成熟量表,并结合了出版众筹的特点。网络口碑的测量指标的选择主要参考了 Thorsten 等(2004)[⑥]、Park & Lee(2009)[⑦]等相关研究中的成熟量表,并结合出版众筹平台及项目的特点,设计了测量题项。

出版众筹用户的信任是投资用户对出版众筹平台和出版众筹项目以及发起者的信赖程度。信任的测量题项主要参考 Gefen 等(2003)、Hassanein & Head(2007)[⑧]设计的测度量表,并考虑了出版众筹的特点。

[①] Ranganathan C, Ganavathy S. Key Dimensions of Business-to-Consumer Web sites[J]. Information and Management, 2002, 39(6): 457-465.

[②] Wolfingarger M, Gilly M C. ETailQ: Dimensionalizing, measureing and predicting etail quality[J]. Journal of retailing, 2003, 79(3): 183-198.

[③] Bourdeau L, Chebat J C, Couturier C. Internet consumer value of university students: E-mail-vs-Web users[J]. Journal of Retailing and Consumer Services, 2002.

[④] Parasuraman A, Zeithaml V A, Malhotra A Esqual. A Multiple-Item Scale for Assessing Electronic Service Quality. Journal of Service Research, 2005, 7(2): 213-233.

[⑤] Weeney J, Soutar G N. Consumer perceived value: the development of a multiple item scale[J]. Journal of Retailing, 2001(77): 203-220.

[⑥] Thorsten Hennig-Thurau F, Gwinner K P, Walsh G, et al. Electronic Word-of-Mouth via Consumer-Opinion Platforms: What Motivates Consumers to Articulate Themselves on the Internet? [J]. Journal of Interactive Marketing, 2004, 18(1): 38-52.

[⑦] Park C, Lee T M. Information direction, website reputation and e WOM effect: A moderating role of product type[J]. Journal of Business Research. 2009(62): 61-67.

[⑧] Hassanein K, Head M. Manipulating perceived social presence through the web interface and its impact on attitude towards online shopping. International Journal of Human-Computer Studies, 2007, 65(8): 689-708.

本书借鉴 Parasuraman 等(2005)、Chiu 等(2013)的研究,并结合我国出版众筹的特点,设计了用户参与意愿的测度量表。对于出版众筹用户参与行为的测度,参考了 Jarvenpaa & Tractinsky(2002)、Pavlou(2003)和 Kim 等(2007)的测量指标,结合我国出版众筹的特点,形成了用户参与行为的测度量表。问卷中各变量的测度题项与测度依据如表 3-1 所示。

表 3-1 各变量的测度题项与测度依据

研究变量	指标	测度题项	测度依据
期望收益	ER1	参与出版众筹项目可以让我获得物质回报	Ryan & Deci (2000) Kim & Foresythe (2009)
	ER2	参与投资出版众筹项目可以让我获得乐趣	
	ER3	获得作者的亲笔签名让我很开心	
	ER4	参与出版众筹作品的创作让我有成就感	
利他主义	AB1	我不在乎我投资的众筹项目能否获得回报	Lambert & Schwienbache (2010)、Elizabeth 等(2013)
	AB2	我愿意无私支持别人的出版梦想	
	AB3	我愿意无偿支持有价值的出版众筹项目	
	AB4	我想支持我喜欢的出版众筹项目	
感知体验	PE1	该众筹出版网站浏览及操作方面简单易用	Schmitt (1999)、Pullman (2003)、Qi 等(2009)

(续表)

研究变量	指标	测度题项	测度依据
感知体验	PE2	该网站对出版众筹项目的投资支付很方便	Schmitt（1999）、Pullman（2003）、Qi 等(2009)
	PE3	我可以很熟练地在该网站投资项目	
	PE4	在该网站我很容易获得相关众筹项目信息	
	PE5	网站客服能及时回复我提出的问题和建议	
感知品牌	PB1	该众筹出版项目具有很高的知名度	Koufaris & William（2004）、Ha 等(2006)
	PB2	该众筹出版项目的作者名气很大	
	PB3	该众筹出版项目发起者是著名出版社	
	PB4	该众筹出版项目是由名人推荐的	
	PB5	这家出版众筹网站具有很高的知名度	
感知质量	PQ1	该众筹出版项目的信息描述翔实、可靠	Ranganathan(2002)、Wolfinbarger & Gilly (2003)
	PQ2	该众筹出版内容的品质符合我的阅读期望	
	PQ3	该众筹出版项目的文字描述很精彩	
	PQ4	该众筹出版项目的封面设计很美观	

(续表)

研究变量	指标	测度题项	测度依据
感知价值	PV1	该众筹出版项目很有价值,值得投资	Bourdeau等(2002)、Parasuraman(2005)、Sweeney(2001)
	PV2	该众筹出版项目很少见,非常独特	
	PV3	该众筹出版项目的回报物有所值	
	PV4	该众筹出版项目对社会非常有意义	
网络口碑	OR1	该众筹出版项目的在线评论数量较多	Thorsten等(2004)、Park & Lee(2009)
	OR2	对该众筹出版项目的评论内容清晰、客观	
	OR3	正面的评论对我投资出版众筹项目的影响较大	
	OR4	负面的评论对我不投资的影响较大	
信任	TR1	我相信该网站上的出版众筹项目的信息	Gefen等(2003)、Hassanein & Head(2007)
	TR2	我觉得在该网站投资支付是安全的	
	TR3	我相信该出版众筹项目的回报会兑现	
	TR4	总体上,我非常信赖该出版众筹网站	

(续表)

研究变量	指标	测度题项	测度依据
参与意愿	IN1	我愿意投资该出版众筹项目	Parasuraman（2005）、Chiu 等（2013）
	IN2	我会优先考虑投资该出版众筹项目	
	IN3	我会继续对该网站上的众筹项目进行投资	
	IN4	我愿意将该出版众筹项目推荐给亲朋好友	
参与行为	BE1	我投资过该网站上的出版众筹项目	Jarvenpaa & Tractinsky(2002)、Pavlou(2003) Kim 等(2007)
	BE2	我向其他人推荐过该网站上的众筹项目	
	BE3	我经常与其他人交流该网站上的众筹项目	
	BE4	我会为该出版众筹项目提供信用担保	

3.4.3 问卷预测试

预测试数据的选择可以遵循方便性原则，不一定需要经过正式的统计抽样。本研究通过选择那些对出版众筹有所了解的受调查者进行问卷预测试，共发放问卷 328 份，回收 263 份，问卷回收率为 80.18%；根据问卷标准对回收的问卷进行筛选，剔除不合格问卷 56 份，得到有效问卷 207 份，回收问卷有效率为 78.7%。性别上,男性和女性分别占 58.45% 和 41.55%;年龄上,25 岁以下占 19.32%,26—35 岁占 48.79%,35 岁以上占 31.89%;受教育程度上,高中及以下占 4.35%,大专占 16.91%,本科占 40.58%,硕士及以上占 38.16%。之后对预测试的数据进行信度和效度分析,试图发现量表中可能存在的不适合指标,以便对量表进行改进与完善,确保有助于正式数据的调查和研究模型的深入分析。

3.4.3.1 信度分析

信度(Reliability)又称可靠性,是指测量结果的一致性和稳定性。信度越高,表明所测得的结果误差越小,反映了量表一致性越高。本研究信度分析采用 Cronbach's α 系数对量表的内部一致性进行检验,运用 SPSS 18.0 对研究模型中每个变量的 Cronbach's α 系数和每个指标的 CITC 值进行分析,结果见表 3-2。由表 3-2 可以看出,每个潜变量的 α 值均大于 0.7,表明测量这些潜变量的各指标具有较好的内部一致性,它们可以同时用于测度同一个潜变量。从每个指标的 CITC 值来看,出现了个别 CITC 值小于 0.5 的指标,对此应结合剔除该指标后 α 值的变动逐个进行分析;从剔除有关指标后的 α 值来看,当剔除指标 PE5 和 PB5 后,指标信度系数得到提高,PE5 的信度系数由原来的 0.730 提高到 0.754,PB5 的信度系数由原来的 0.789 提高到 0.825,这说明指标 PE5 和 PB5 与其他指标的相关程度不高,因此剔除该测度项目。

综上所述,该量表中每个潜变量的 Cronbach's α 系数值均超过 0.7,删除 PE5 和 PB5 后,所有测量指标都能较好用于测量对应的潜变量。这表明量表的信度较高,内部一致性较强。

表3-2　用户参与行为测量的信度检验结果

变量名称	指标	均值	方差	指标与总体的相关系数CITC	α值	剔除相关指标后的α
期望收益	ER1	23.149 5	15.820	.712	0.892	0.802
	ER2	21.454 4	15.205	.675		0.810
	ER3	22.331 7	15.483	.542		0.822
	ER4	21.819 2	15.326	.607		0.847
利他主义	AB1	12.765 6	13.854	.584	0.764	0.712
	AB2	12.186 3	13.236	.547		0.704
	AB3	12.165 4	13.057	.530		0.685
	AB4	12.320 5	13.512	.569		0.697
感知体验	PE1	14.263 7	12.233	.517	0.722	0.704
	PE2	14.152 1	12.405	.583		0.682
	PE3	14.325 1	12.129	.610		0.678
	PE4	14.330 2	12.295	.531		0.638
	PE5	14.265 5	12.054	.489		0.754
感知品牌	PB1	20.112 2	14.405	.727	0.803	0.787
	PB2	20.893 1	14.129	.685		0.793
	PB3	20.701 6	14.152	.620		0.714
	PB4	20.349 1	14.587	.581		0.726
	PB5	20.010 2	14.295	.415		0.825

(续表)

变量名称	指标	均值	方差	指标与总体的相关系数 CITC	α值	剔除相关指标后的α
感知质量	PQ1	19.5065	13.516	.655	0.784	0.712
	PQ2	19.6474	13.908	.603		0.723
	PQ3	19.6827	13.540	.572		0.737
	PQ4	19.7241	13.332	.518		0.749
感知价值	PV1	16.9161	12.615	.647	0.765	0.754
	PV2	16.1723	12.531	.507		0.668
	PV3	16.1215	12.220	.612		0.735
	PV4	16.1571	12.382	.568		0.716
网络口碑	OR1	18.9200	13.405	.562	0.797	0.742
	OR2	18.2308	13.779	.524		0.723
	OR3	18.1901	13.103	.590		0.765
	OR4	18.4151	13.034	.531		0.743
信任	TR1	14.2175	8.235	.789	0.813	0.809
	TR2	14.4238	8.569	.692		0.786
	TR3	14.0651	8.903	.598		0.792
	TR4	14.3722	8.183	.712		0.765
参与意愿	IN1	15.0731	8.815	.678	0.867	0.843
	IN2	15.8634	8.411	.612		0.812

(续表)

变量名称	指标	均值	方差	指标与总体的相关系数CITC	α值	剔除相关指标后的α
参与意愿	IN3	15.1397	8.041	.663	0.867	0.848
	IN4	15.9255	8.910	.718		0.796
参与行为	BE1	14.7329	7.886	.639	0.825	0.728
	BE2	14.0341	7.653	.653		0.763
	BE3	14.7866	7.569	.692		0.790
	BE4	14.3110	7.862	.570		0.787

3.4.3.2 效度分析

效度(Validity)这一指标是指所使用的测试或量表的有效程度,可以理解为准确性,表示测试或量表能够测量待测特性的准确程度。

3.4.3.2.1 自变量的因子分析

本研究中期望收益、利他主义、感知体验、感知品牌、感知质量、感知价值和网络口碑是用户参与行为模型的前因变量,所以,首先对自变量的28个测量指标进行KMO和Bartlett球体检验,检验结果如表3-3所示。其中KMO=0.794,Bartlett球体检验的显著性为0.000,检验结果显示适合进行因子分析。

经过方差最大化因子正交旋转后,从28个指标中提取7个公因子,并且每个测量指标在其归属的公因子上负荷均在0.5以上,而在其他因子上的负荷较低,7个公因子累计方差的解释力达到72.28%,这说明每个测量指标都较好地解释了它所测量的变量的特性,并且 7 个公因子对测量样本的方差解释能力也较好。用户参与行为模型中自变量的因子分析结果如表 3-4 所示。

表 3-3 模型自变量的 KMO 和 Bartlett 球体检验结果

KMO 值		0.794
Bartlett 球体检验	卡方	2 963.058
	自由度	320
	显著性	0.000

表 3-4 自变量的因子分析结果

变量	指标	因子1	因子2	因子3	因子4	因子5	因子6	因子7
期望收益	ER1	.837	.179	.155	-.196	-.088	-.064	-.038
	ER2	.862	.103	.121	-.168	-.091	-.061	-.036
	ER3	.867	.108	.173	-.122	-.076	-.056	-.041
	ER4	.841	.151	.102	-.116	-.078	-.047	-.067
利他主义	AB1	.077	.612	.187	.068	.085	.035	.052
	AB2	.031	.646	.120	.063	.067	-.073	.074
	AB3	.018	.661	.134	.098	-.066	-.046	-.047
	AB4	.015	.624	.162	.037	-.035	-.072	-.034
感知体验	PE1	.197	.146	.635	.082	-.086	-.045	-.030
	PE2	.124	.112	.712	.096	-.067	-.036	-.027

(续表)

变量	指标	因子1	因子2	因子3	因子4	因子5	因子6	因子7
感知体验	PE3	.130	.164	.719	.079	.053	.046	.042
	PE4	.172	.193	.772	.067	.127	−.084	−.074
感知品牌	PB1	.075	.064	.068	.813	−.056	−.061	−.049
	PB2	.046	.067	.089	.818	−.042	.076	−.064
	PB3	.032	.147	.075	.807	−.039	−.042	−.047
	PB4	.044	.071	.046	.792	−.037	−.027	−.058
感知质量	PQ1	.057	.042	−.087	−.037	.714	−.042	−.029
	PQ2	.047	.045	−.069	−.022	.792	−.057	−.042
	PQ3	.062	.102	.065	−.019	.685	−.024	−.035
	PQ4	.053	.073	.057	−.027	.738	−.019	−.036
感知价值	PV1	.117	.166	.024	.042	−.153	.607	−.042
	PV2	.122	.132	.054	.045	−.075	.618	−.057
	PV3	.130	.264	.026	.102	−.134	.624	−.024
	PV4	.272	.093	.033	.073	−.118	.645	−.019
网络口碑	OR1	.071	.066	.036	.053	−.053	−.064	.781
	OR2	.089	.023	.046	.056	−.085	−.035	.774
	OR3	.083	.046	.037	.202	−.045	−.046	.741
	OR4	.062	.039	.045	.103	−.028	−.039	.713

3.4.3.2.2 中介变量的因子分析

对模型的中介变量信任的 4 个测量指标进行 KMO 和 Bartlett 球体检验,检验结果如表 3-5 所示。其中 KMO=0.871,Bartlett 球体检验的显著性为 0.000,检验结果显示适合进行因子分析。

表 3-5 模型中介变量的 KMO 和 Bartlett 球体检验结果

KMO 值		0.871
Bartlett 球体检验	卡 方	212.057
	自由度	3
	显著性	0.000

经过方差最大化因子正交旋转后,从 4 个指标中提取 1 个公因子,并且每个测量指标在其归属的公因子上负荷均在 0.5 以上,公因子累计方差的解释力达到 75.91%,这说明每个测量指标都对所测量的变量的特性进行了较好的解释,同时公因子对测量样本的方差解释能力也较好。中介变量的因子分析结果如表 3-6 所示。

表 3-6 中介变量的因子分析结果

变量名称	指 标	因子 1	解释方差	累计解释方差
信任	TR1	.746	75.91%	75.91%
	TR2	.761		
	TR3	.757		
	TR4	.782		

3.4.3.2.3 因变量的因子分析

对模型的因变量参与意愿的 4 个测量指标进行 KMO 和 Bartlett 球体检验,检验结果如表 3-7 所示。其中 KMO=0.738,Bartlett 球体检验的显著性为 0.000,检验结果显示适合进行因子分析。

表 3-7 模型因变量的 KMO 和 Bartlett 球体检验结果

KMO 值		0.738
Bartlett 球体检验	卡方	218.546
	自由度	3
	显著性	0.000

经过方差最大化因子正交旋转后,从 4 个指标中提取 1 个公因子,并且每个测量指标在其归属的公因子上负荷均在 0.5 以上,公因子累计方差的解释力达到 67.64%,这说明每个测量指标都对所测量的变量的特性进行了非常好的解释,同时公因子对样本的方差解释能力也较好。因变量的因子分析结果如表 3-8 所示。

表 3-8 因变量的因子分析结果

变量名称	指标	因子 1	解释方差	累计解释方差
参与意愿	IN1	.787	67.64%	67.64%
	IN2	.723		
	IN3	.758		
	IN4	.682		

综上所述,通过对预测试数据的测试,并对出版众筹用户参与行为模型的自变量、中介变量和因变量进行的信度和效度检验,表明经过检验的测度题项可以使用于随后的样本调查。

3.5 数据分析与假设检验

3.5.1 数据收集

在对调查问卷进行预测试和信度效度检验之后,形成了本研究的正式调查问卷。本研究的调查对象分为两类,其中一类为有过一次及以上出版众筹投资经验的高经验网络用户,而另一类是了解出版众筹但未参与过出版众筹的低经验网络用户。样本数据的收集主要通过问卷星网站设计电子问卷的方式进行,通过众筹网、京东众筹、淘宝众筹等相关社区论坛、微信群、QQ群发放电子问卷,被调查用户首先要选择"是否有过出版众筹参与经历"以及"参与次数"。总共填写调查问卷752份,根据问卷标准对问卷进行了有效的筛选,剔除题项中存在很多相同选择等不合格问卷164份,得到有效问卷588份,问卷有效回收率为78.2%。

本研究使用结构方程模型方法对调研数据进行处理,一般规定样本数量与测量指标数量的比值在5∶1到10∶1之间。本研究中的测量指标共有40个,通过调研收集到的有效问卷为588份,二者之间的比例达到了所要求的5∶1以上,因此,本研究通过调研所收集到的样本数量适合后续要进行的结构方程模型方法。

3.5.2 样本数据的统计分析

在本次收集的 588 份有效样本中,就性别而言,男性 381 人,占 64.80%,女性 207 人,占 35.20%。就年龄而言,26—35 岁 349 人,占 59.35%;36—45 岁 197 人,占 33.50%;46 岁以上 31 人,占 5.27%;25 岁以下 11 人,占 1.87%。就学历而言,本科 317 人,占 53.91%;大专 72 人,占 12.24%;硕士及以上 124 人,占 21.09%。具体情况如表 3-9 所示。

表 3-9 样本个人基本情况统计结果

内容	细分	样本量	百分比(%)	内容	细分	样本量	百分比(%)
性别	男性	381	64.80	月收入	3 000 以下	109	18.54
	女性	207	35.20		3 000—5 000	63	10.71
年龄	25 岁以下	11	1.87		5 001—8 000	183	31.12
	26—35 岁	349	59.35		8 001—10 000	162	27.55
	36—45 岁	197	33.50		10 001—20 000	57	9.69
	46 岁以上	31	5.27		20 000 以上	14	2.38
学历	高中及以下	75	12.76	职业	学生	137	23.30
	大专	72	12.24		机关及事业单位	215	36.56
	本科	317	53.91		企业	154	26.19
	硕士及以上	124	21.09		其他	82	13.95

本研究还专门对调查对象的出版众筹参与经验以及光顾的众

筹网站进行了统计。调查样本中有367人有过1次以上的出版众筹参与经历,占62.41%;221人没有参与出版众筹的经历,占37.59%。在有过出版众筹参与经历的人群中,选择众筹网的有178人,占48.50%;选择京东众筹的有94人,占25.61%;选择淘宝众筹的有63人,占17.17%;选择其他的有32人,占8.72%。具体情况如表3-10所示。

表3-10 样本中出版众筹用户参与情况统计结果

内容	细分	人数	百分比(%)
直接经验	1次以上经验	367	62.41
	没有参与经验	221	37.59
选择出版众筹网站	众筹网	178	48.50
	京东众筹	126	34.33
	淘宝众筹	63	17.17
	其他	32	8.72

3.5.3 探索性因子分析和信度检验

使用SPSS 19.0统计软件对出版众筹用户参与行为模型中的期望收益、利他主义、感知体验、感知品牌、感知质量、感知价值、网络口碑、信任和出版众筹参与意愿等进行因子分析,采用主成分分析方法抽取因子,采用正交方差极大法进行因子旋转,因子提前准则根据Kaiser规则,也就是挑选特征值大于1的因素;根据KMO检验值和Bartlett球体检验值判断各量表是否适合进行因子分析。Kaiser(1974)认为,采取因子分析的前提条件是 KMO 值必须至少大于 0.5,一般要求应超过 0.6;检验因子内部结构的一致性一般采用 Cronbach's α 大于 0.7 为标准。

3.5.3.1 自变量的因子分析和信度检验

本研究中期望收益、利他主义、感知体验、感知品牌、感知质量、感知价值和网络口碑是用户参与行为模型的自变量。使用 SPSS 对自变量的 28 个测量指标进行 KMO 和 Bartlett 球体检验,检验结果如表 3-11 所示。其中 KMO=0.841,大于 0.7,说明采用因子分析是适当的;Bartlett 球体检验的显著性为 0.000,检验结果显示适合进行因子分析。

表 3-11 模型自变量的 KMO 和 Bartlett 球体检验结果

KMO 值		0.841
Bartlett 球体检验	卡方	6 527.613
	自由度	281
	显著性	0.000

探索性因子分析发现,出版众筹用户参与行为自变量分量表采用主成分分析方法抽取因子,采用正交方差极大法进行因子旋转,从 28 个指标中提取 7 个公因子,7 个公因子累计方差的解释力达到 74.63%,并且每个指标都达到因子载荷超过 0.5 的条件,以上结果说明使用样本数据进行探索性因子分析结果与预测试数据的探索性因子分析结果基本吻合,出版众筹用户参与行为自变

量的分量表具有良好的建构效度。运用 SPSS 对量表及其指标进行信度分析,检验结果如表 3-12 所示。

表 3-12 用户参与意愿自变量量表探索性因子分析和信度检验

因子与指标		因子载荷	α 值	剔除相关指标后的 α
期望收益	ER1	0.746	0.869	0.824
	ER2	0.769		0.816
	ER3	0.772		0.803
	ER4	0.728		0.835
利他主义	AB1	0.673	0.713	0.697
	AB2	0.722		0.632
	AB3	0.708		0.668
	AB4	0.665		0.671
感知体验	PE1	0.681	0.742	0.678
	PE2	0.724		0.682
	PE3	0.792		0.657
	PE4	0.723		0.692
感知品牌	PB1	0.742	0.837	0.812
	PB2	0.725		0.825
	PB3	0.761		0.793
	PB4	0.774		0.768

(续表)

因子与指标		因子载荷	α值	剔除相关指标后的α
感知质量	PQ1	0.723	0.767	0.724
	PQ2	0.714		0.735
	PQ3	0.657		0.751
	PQ4	0.749		0.747
感知价值	PV1	0.612	0.724	0.664
	PV2	0.623		0.672
	PV3	0.609		0.685
	PV4	0.656		0.691
网络口碑	OR1	0.721	0.785	0.754
	OR2	0.714		0.746
	OR3	0.762		0.737
	OR4	0.738		0.728

从表3-12可以看出,所有调查的自变量的Cronbach's α值均大于0.7,这说明出版众筹用户参与意愿自变量分量表具有较好信度,该策略工具的内部一致性信度符合要求。

3.5.3.2 信任的因子分析和信度检验

使用SPSS对信任量表进行KMO和Bartlett球体检验,检验结果如表3-13所示。其中KMO=0.892,大于0.7,说明采用因子分析是适当的；Bartlett 球体检验的显著性为 0.000，检验结果显示适合进行因子分析。

表 3-13　信任变量的 KMO 和 Bartlett 球体检验结果

KMO 值		0.892
Bartlett 球体检验	卡方	1 577.184
	自由度	12
	显著性	0.000

探索性因子分析结果表明，信任分量表的 4 个题项只提取 1 个因子，所有指标的因子载荷均超过 0.5，累计方差的解释力达到 67.82%，以上结果表明信任分量表具有良好的建构效度。运用 SPSS 19.0 对信任分量表的题项进行信度分析，结果显示 Cronbach's α 值=0.846，大于 0.7，且剔除相关指标后的 Cronbach's α 均有所降低，说明信任分量表的信度高。具体见表 3-14 所示。

表 3-14　信任变量的探索性因子分析和信度检验

因子与指标	因子载荷	各因子解释方差(%)	剔除该题项后 Cronbach's α 值	Cronbach's α 值
信任		67.82		0.846
TR1	.752	—	0.822	—
TR2	.747	—	0.827	—
TR3	.764	—	0.826	—
TR4	.738	—	0.814	—

3.5.3.3 参与意愿的因子分析和信度检验

使用 SPSS 对参与意愿量表进行 KMO 和 Bartlett 球体检验，检验结果如表 3-15 所示。其中 KMO=0.813，大于 0.7，说明采用因子分析是适当的；Bartlett 球体检验的显著性为 0.000，检验结果显示适合进行因子分析。

表 3-15　参与意愿变量的 KMO 和 Bartlett 球体检验结果

KMO 值		0.813
Bartlett 球体检验	卡方	1 893.676
	自由度	12
	显著性	0.000

探索性因子分析结果表明，参与意愿分量表的 4 个题项只提取 1 个因子，所有指标的因子载荷均超过 0.5，累计方差的解释力达到 69.24%，以上结果表明参与意愿分量表具有良好的建构效度。运用 SPSS 19.0 对参与意愿分量表的题项进行信度分析，结果显示 Cronbach's α 值=0.873，大于 0.7，且剔除相应题项后的 Cronbach's α 均有所降低，说明参与意愿分量表的信度高。具体见表 3-16 所示。

表 3-16　参与意愿变量的探索性因子分析和信度检验

因子与指标	因子载荷	各因子解释方差(%)	剔除该题项后 Cronbach's α 值	Cronbach's α 值
信任		69.24	—	0.873
IN1	0.810	—	0.846	—

(续表)

因子与指标	因子载荷	各因子解释方差(%)	剔除该题项后 Cronbach's α 值	Cronbach's α 值
IN2	0.826	—	0.851	—
IN3	0.769	—	0.829	—
IN4	0.784	—	0.837	—

3.5.4 验证性因子分析

3.5.4.1 测量模型设定

测量模型用于揭示潜在变量与测量指标之间的关系。本研究采用 AMOS 20.0 软件建立相应的测量模型,该测量模型的拟合指标如表 3-17 所示。从表中可以看出,每个拟合指标都达到了所规定的要求,说明该测量模型具有较好的拟合程度,用这些指标来测量潜变量是合适的。

表 3-17 出版众筹用户参与行为自变量的验证性因子分析拟合指标

模　型	实际指标值	评价标准范围	拟合程度
χ^2/df	2.653	<3	良好
近似误差均方根(RMSEA)	0.062	<0.08	良好
增值拟合优度指数(IFI)	0.958	越接近1,模型拟合度越好;当 CFI≥0.9 时,认为模型具有满意的拟合程度	良好
拟合指数(GFI)	0.946		良好
比较拟合指标(CFI)	0.958		良好

3.5.4.2 内部一致性检验

从表 3-18 可以看出,各变量的 CR 值均在 0.7 以上,这说明各变量所拥有的观测指标之间的内在一致性较高,测量模型具有很好的内在质量。

表 3-18 各变量的标准载荷及构建信度

潜变量	测量指标	标准载荷	T 值	CR 值
期望收益	ER1	0.834	20.352	0.835 4
	ER2	0.856	20.623	
	ER3	0.813	20.096	
	ER4	0.822	20.314	
利他主义	AB1	0.734	16.162	0.742 6
	AB2	0.741	16.351	
	AB3	0.676	15.674	
	AB4	0.785	16.812	
感知体验	PE1	0.718	18.253	0.778 6
	PE2	0.723	18.346	
	PE3	0.807	18.872	
	PE4	0.786	18.623	
感知品牌	PB1	0.859	21.238	0.870 3
	PB2	0.887	21.896	

(续表)

潜变量	测量指标	标准载荷	T值	CR值
感知品牌	PB3	0.863	21.642	0.8703
	PB4	0.872	21.825	
感知质量	PQ1	0.812	19.483	0.8127
	PQ2	0.815	19.521	
	PQ3	0.803	19.285	
	PQ4	0.794	18.192	
感知价值	PV1	0.776	21.482	0.7815
	PV2	0.783	21.621	
	PV3	0.758	21.263	
	PV4	0.754	21.258	
网络口碑	OR1	0.798	15.687	0.7684
	OR2	0.749	14.896	
	OR3	0.733	14.624	
	OR4	0.715	14.381	
信任	TR1	0.916	43.864	0.9178
	TR2	0.897	41.065	
	TR3	0.874	38.473	
	TR4	0.883	39.867	

(续表)

潜变量	测量指标	标准载荷	T值	CR值
参与意愿	IN1	0.856	23.516	0.8821
	IN2	0.847	20.875	
	IN3	0.835	20.346	
	IN4	0.814	19.484	
参与行为	BE1	0.842	20.867	0.8507
	BE2	0.836	20.351	
	BE3	0.832	20.335	
	BE4	0.763	18.154	

3.5.4.3 聚合效度和区别效度检验

表 3-19 列出了潜变量之间的相关系数的平方，对角线上的数值表示每个潜变量的 AVE 值。从表 3-19 可以看出，所有的 AVE 值都大于 0.5，这说明测量模型具有一定的聚合效度；每个变量的 AVE 方根值都大于其与其他变量的相关系数，这说明测量模型也具有较高的区别效度。

表 3-19 聚合效度和区别效度检验结果

AVE方根	期望收益	利他主义	感知体验	感知品牌	感知质量	感知价值	网络口碑	信任	参与意愿	参与行为
期望收益	0.696									
利他主义	0.265	0.845								

(续表)

AVE方根	期望收益	利他主义	感知体验	感知品牌	感知质量	感知价值	网络口碑	信任	参与意愿	参与行为
感知体验	0.436	0.572	0.680							
感知品牌	0.477	0.245	0.442	0.689						
感知质量	0.528	0.239	0.402	0.517	0.747					
感知价值	0.573	0.262	0.436	0.514	0.657	0.706				
网络口碑	0.582	0.283	0.458	0.536	0.688	0.714	0.723			
信任	0.613	0.308	0.472	0.542	0.623	0.638	0.718	0.724		
参与意愿	0.621	0.312	0.423	0.436	0.578	0.645	0.728	0.765	0.789	
参与行为	0.634	0.326	0.454	0.468	0.596	0.678	0.734	0.749	0.622	0.763

3.5.5 中介变量验证

本研究提出信任是感知体验、感知品牌、感知质量、感知价值以及网络口碑和出版众筹参与意愿之间的中介变量。

采用 Baron & Kenny(1981)[1]提出的中介效应分析方法对信任在出版众筹用户感知体验、感知品牌、感知质量、感知价值以及网络口碑与用户参与意愿之间的中介效应进行分析和检验,主要可以分为三个过程:一是自变量对因变量进行回归分析,如果回归系数达到显著水平,则进行下一步,否则停止分析。二是自变量对中介变量进行回归分析,如果回归系数达到显著水平,则进行下

---

[1] Baron R M, Kenny D A. The moderator-mediator variable distinction in social psychological research: conceptual, strategic, and statistical considerations[G]//Lead pollution causes and control. Chapman and Hall, 1981: 1173-1182.

一步,否则停止分析。三是自变量和中介变量对因变量进行回归分析,如果中介变量的回归系数未达到显著性水平,则中介变量未起到中介效应;如果中介变量的回归系数达到显著性水平,且自变量的回归系数减小,说明中介变量具有中介效应。更进一步说,当自变量的回归系数减小到不显著水平时,则中介变量起到完全中介作用;当自变量的回归系数减小但仍达到显著水平时,说明中介变量只起到部分中介效应。

在对信任在感知体验、感知品牌、感知质量、感知价值以及网络口碑方面对出版众筹参与意愿影响关系的中介效应进行检验时,采用 SPSS 19.0 对感知体验、感知品牌、感知质量、感知价值、网络口碑、信任和出版众筹参与意愿诸变量进行相关分析,具体结果见表 3-20 所示。感知体验、感知品牌、感知质量、感知价值、网络口碑、信任和出版众筹参与意愿之间在 0.01 水平(双侧)上显著,表明这些变量两两之间存在显著相关关系,但是该结果无法准确显示各变量之间的因果关系。因此,基于相关分析,需采用结构方程模型进一步检验各变量之间的因果关系。

表 3-20　中介效应检验的各变量的相关系数矩阵(N=588)

		感知体验	感知品牌	感知质量	感知价值	网络口碑	信任	参与意愿
感知体验	Pearson 相关性	1	.526**	.439**	.574**	.487**	.452**	.518**
	显著性(双侧)	—	0	0	0	0	0	0
感知品牌	Pearson 相关性	.526**	1	.534**	.512**	.520**	.465**	.482**
	显著性(双侧)	0	—	0	0	0	0	0

(续表)

		感知体验	感知品牌	感知质量	感知价值	网络口碑	信任	参与意愿
感知质量	Pearson 相关性	.439**	.534**	1	.545**	.522**	.536**	.474**
	显著性(双侧)	0	0	—	0	0	0	0
感知价值	Pearson 相关性	.574**	.512**	.545**	1	.617**	.564**	.538**
	显著性(双侧)	0	0	0	—	0	0	0
网络口碑	Pearson 相关性	.487**	.520**	.522**	.617**	1	.625**	.549**
	显著性(双侧)	0	0	0	0	—	0	0
信任	Pearson 相关性	.452**	.465**	.536**	.564**	.625**	1	.631**
	显著性(双侧)	0	0	0	0	0	—	0
参与意愿	Pearson 相关性	.518**	.482**	.474**	.538**	.549**	.631**	1
	显著性(双侧)	0	0	0	0	0	0	—

注：** 表示在 0.01 水平(双侧)上显著相关。

3.5.5.1 信任在感知体验对参与意愿关系中的中介作用

对信任在出版众筹用户感知体验对参与意愿影响关系的中介效应进行检验，分为以下三个步骤：

首先，将出版众筹用户感知体验作为自变量，参与意愿作为因变量进行回归分析，检验回归系数是否存在显著；若显著，继续进行检验。具体回归结果见表 3-21 中 A 回归所示。

其次，将出版众筹用户感知体验作为自变量，信任作为因变量进行回归分析，检验回归系数的显著性。具体回归结果见表 3-21

中的 B 回归所示。

最后,将出版众筹用户感知体验和信任作为自变量,出版众筹用户参与意愿作为因变量进行回归分析,检验出版众筹用户感知体验和信任的回归系数的显著性,同时分析出版众筹用户感知体验的回归系数的差异,判断信任的中介效应。具体回归结果见表 3-21 中的 C 回归所示。

表 3-21 信任在感知体验对参与意愿影响关系的中介作用检验

变量	A 回归(β) 因变量 参与意愿	B 回归(β) 因变量(中介变量) 信任	C 回归(β) 因变量 参与意愿	中介作用
自变量:感知体验	0.147***	0.312***	0.021	
中介变量:信任	—	—	0.356***	完全中介
调整后判定系数 R^2	0.216	0.243	0.425	
ΔR^2	0.214	0.243	0.424	
F 值	225.063***	302.218***	309.083***	
ΔF	225.063***	302.218***	309.083***	
t	16.264	19.356	—	
Sig.	0	0	—	

注:* 表示 $p<0.05$,** 表示 $p<0.01$,*** 表示 $p<0.001$。

表 3-21 显示的回归分析结果表明:

在 A 回归模型中,系数 $\beta=0.147$,$p<0.001$,说明出版众筹用

户感知体验显著正向影响参与意愿。

在 B 回归模型中,出版众筹用户感知体验显著正向影响信任($\beta=0.312,p<0.001$)。

在 C 回归模型中,出版众筹用户感知体验和信任同时对参与意愿回归分析时,信任显著正向影响参与意愿,说明中介变量存在中介效应;而出版众筹用户感知体验对参与意愿的回归系数减小到不显著水平,β 值由 0.147 降低到 0.021,这表明,信任在出版众筹用户感知体验对参与意愿的作用中起完全中介作用。

因此,假设 H10a,即在感知体验和出版众筹参与意愿之间,信任充当完全中介变量。

3.5.5.2 信任在感知品牌对参与意愿关系中的中介作用

对信任在出版众筹用户感知品牌对参与意愿影响关系的中介效应进行检验,分为以下三个步骤:

第一步,将出版众筹用户感知品牌作为自变量,参与意愿作为因变量进行回归分析,检验回归系数是否存在显著;若显著,继续进行检验。具体回归结果见表 3-22 中 D 回归所示。

第二步,将出版众筹用户感知品牌作为自变量,信任作为因变量进行回归分析,检验回归系数的显著性。具体回归结果见表 3-22 中的 E 回归所示。

最后,将出版众筹用户感知品牌和信任作为自变量,出版众筹用户参与意愿作为因变量进行回归分析,检验出版众筹用户感知品牌和信任的回归系数的显著性,同时分析出版众筹用户感知品牌的回归系数的差异,对信任的中介效应做出判断。具体回归结果见表 3-22 中的 F 回归所示。

表3-22 信任在感知品牌对参与意愿影响关系的中介作用检验

变量	D回归(β) 因变量 参与意愿	E回归(β) 因变量(中介变量) 信任	F回归(β) 因变量 参与意愿	中介作用
自变量：感知品牌	0.712***	0.636***	0.428***	
中介变量：信任	—	—	0.357***	部分中介
调整后判定系数 R^2	0.345	0.372	0.458	
ΔR^2	0.345	0.374	0.459	
F值	512.248***	520.812***	335.126***	
ΔF	512.248***	520.812***	335.126***	
t	22.356	22.591		
Sig.	0	0		

注：* 表示 $p<0.05$，** 表示 $p<0.01$，*** 表示 $p<0.001$。

表3-22显示的回归分析结果表明：

在D回归模型中，系数 $\beta=0.712$，$p<0.001$，说明出版众筹用户感知品牌显著正向影响参与意愿。

在E回归模型中，出版众筹用户感知品牌同样显著正向影响信任（$\beta=0.636$，$p<0.001$）。

在F回归模型中，出版众筹用户感知品牌和信任同时对参与意愿进行回归分析时，信任对参与意愿具有显著正向影响，表明信任存在中介效应；而出版众筹用户感知品牌仍显著正向影响参与意愿，且β值由0.712降低到0.428，因此，信任在其中起部分中介作用。也就是说，信任在出版众筹用户感知品牌对参与意愿作用中起部分中介作用。

因此,H10b:在出版众筹用户感知品牌与参与意愿之间,信任充当部分中介变量得到验证。

3.5.5.3 信任在感知质量对参与意愿关系中的中介作用

对信任在出版众筹用户感知质量对参与意愿影响关系的中介效应进行检验,分为以下三个步骤:

首先,将出版众筹用户感知质量作为自变量,参与意愿作为因变量进行回归分析,检验回归系数是否存在显著;若显著,继续进行检验。具体回归结果见表3-23中G回归所示。

其次,将出版众筹用户感知质量作为自变量,信任作为因变量进行回归分析,检验回归系数的显著性。具体回归结果见表3-23中H回归所示。

最后,将出版众筹用户感知质量和信任作为自变量,出版众筹用户参与意愿作为因变量进行回归分析,检验出版众筹用户感知质量和信任的回归系数的显著性,同时观察出版众筹用户感知质量的回归系数的差异,对信任的中介效应做出判断。具体回归结果见表3-23中I回归所示。

表3-23 信任在感知质量对参与意愿影响关系的中介作用检验

变量	G回归(β) 因变量 参与意愿	H回归(β) 因变量(中介变量) 信任	I回归(β) 因变量 参与意愿	中介作用
自变量:感知质量	0.694***	0.538***	0.437***	
中介变量:信任	—	—	0.325***	部分中介

(续表)

变量	G回归(β) 因变量 参与意愿	H回归(β) 因变量(中介变量) 信任	I回归(β) 因变量 参与意愿	中介作用
调整后判定系数 R^2	0.285	0.246	0.465	
ΔR^2	0.286	0.248	0.464	
F值	312.384***	253.926***	364.701***	
ΔF	312.384***	253.926***	364.701***	
t	17.329	14.852	—	
Sig.	0	0	—	

注：* 表示 $p<0.05$，** 表示 $p<0.01$，*** 表示 $p<0.001$。

表3-23显示的回归分析结果表明：

在G回归模型中，系数 $\beta=0.694$，$p<0.001$，说明出版众筹用户感知质量显著正向影响参与意愿。

在H回归模型中，出版众筹用户感知质量同样显著正向影响信任（$\beta=0.538$，$p<0.001$）。

在I回归模型中，出版众筹用户感知质量和信任同时对参与意愿进行回归分析时，信任对参与意愿具有显著正向影响，表明信任存在中介效应；而出版众筹用户感知质量仍显著正向影响参与意愿，且β值由0.694降低到0.437，这表明信任在其中起部分中介作用。

因此，H10c：在出版众筹用户感知质量与参与意愿之间，信任充当部分中介变量得到验证。

3.5.5.4 信任在感知价值对参与意愿关系中的中介作用

对信任在出版众筹用户感知价值对参与意愿影响关系的中介效应进行检验,分为以下三个步骤:

首先,将出版众筹用户感知价值作为自变量,参与意愿作为因变量进行回归分析,检验回归系数是否存在显著;若显著,继续进行检验。具体回归结果见表 3‑24 中 J 回归所示。

其次,将出版众筹用户感知价值作为自变量,信任作为因变量进行回归分析,检验回归系数的显著性。具体回归结果见表 3‑24 中的 K 回归所示。

最后,将出版众筹用户感知价值和信任作为自变量,出版众筹用户参与意愿作为因变量进行回归分析,检验出版众筹用户感知价值和信任的回归系数的显著性,同时观察出版众筹用户感知价值的回归系数的差异,对信任的中介效应做出判断。具体回归结果见表 3‑24 中的 L 回归所示。

表 3‑24 信任在感知价值对参与意愿影响关系的中介作用检验

变量	J 回归(β) 因变量 参与意愿	K 回归(β) 因变量(中介变量) 信任	L 回归(β) 因变量 参与意愿	中介作用
自变量:感知价值	0.485***	−0.076**	0.541***	
中介变量:信任	—	—	0.027***	不起中介作用
调整后判定系数 R^2	0.279	0.284	0.437	—
ΔR^2	0.278	0.284	0.439	—

(续表)

变量	J 回归(β) 因变量 参与意愿	K 回归(β) 因变量(中介变量) 信任	L 回归(β) 因变量 参与意愿	中介作用
F 值	312.217***	216.925***	365.824***	—
ΔF	312.217***	216.925***	365.824***	—
t	17.428	15.926	—	—
Sig.	0	0	—	—

注：* 表示 $p<0.05$，** 表示 $p<0.01$，*** 表示 $p<0.001$。

表 3-24 显示的回归分析结果表明：

在 J 回归模型中，系数 $\beta=0.485$，$p<0.001$，说明出版众筹用户的感知价值对用户的参与意愿具有显著正向影响。

但在 K 回归模型中，出版众筹用户感知价值不显著正向影响信任（$\beta=-0.076$，$p<0.001$），这表明信任在感知价值对参与意愿关系中不起中介作用。因此，假设 H10d，即在感知价值和出版众筹参与意愿之间，信任充当部分中介变量的假设没有得到验证。

3.5.5.5 信任在网络口碑对参与意愿关系中的中介作用

对信任在出版众筹用户网络口碑对参与意愿影响关系的中介效应进行检验，分为以下三个步骤：

首先，将出版众筹用户网络口碑作为自变量，参与意愿作为因变量进行回归分析，检验回归系数是否存在显著；若显著，继续进行检验。具体回归结果见表3-25中M回归所示。

其次,将出版众筹用户网络口碑作为自变量,信任作为因变量进行回归分析,检验回归系数的显著性。具体回归结果见表3-25中的N回归所示。

最后,将出版众筹用户网络口碑和信任作为自变量,出版众筹用户参与意愿作为因变量进行回归分析,检验出版众筹用户网络口碑和信任的回归系数的显著性,同时观察出版众筹用户网络口碑的回归系数的差异,对信任的中介效应做出判断。具体回归结果见表3-25中的O回归所示。

表3-25 信任在网络口碑对参与意愿影响关系的中介作用检验

变量	M回归(β) 因变量 参与意愿	N回归(β) 因变量(中介变量) 信任	O回归(β) 因变量 参与意愿	中介作用
自变量:网络口碑	0.527***	0.569***	0.358***	
中介变量:信任	—	—	0.415***	部分中介
调整后判定系数 R^2	0.276	0.368	0.421	
ΔR^2	0.275	0.368	0.421	
F值	365.468***	534.671***	312.865***	
ΔF	365.468***	534.671***	312.865***	
t	19.263	21.324		
Sig.	0	0		

注:*表示$p<0.05$,**表示$p<0.01$,***表示$p<0.001$。

表 3-25 显示的回归分析结果表明：

在 M 回归模型中，系数 β=0.527，p<0.001，说明出版众筹用户感知的网络口碑显著正向影响参与意愿。

在 N 回归模型中，网络口碑显著正向影响信任这个变量(β=0.569，p<0.001)。

在 O 回归模型中，网络口碑和信任同时对参与意愿进行回归分析时，信任对用户的参与意愿具有显著正向影响作用，说明信任存在中介效应，同时出版众筹用户感知网络口碑仍显著正向影响参与意愿，且 β 值由 0.527 降低到 0.358，所以，信任在其中起部分中介作用。

因此，H10e：在出版众筹用户感知网络口碑与参与意愿之间，信任充当部分中介变量得到验证。

3.6 出版众筹用户参与行为的结构方程模型分析

结构方程模型(Structural Equation Model，SEM)是基于变量的协方差矩阵来分析变量之间关系的一套综合性统计分析方法。在 SEM 中，变量有两种基本形态，一种为不是真实存在的、无法直接测量的潜变量(Iatent Variable)，即构件(construct)；另一种是可用来间接地测量潜变量的显变量或观测变量(Observable Variable)，其对应的问题也称测度项(Measurement Item)。简单来说，SEM 可分为测度模型(Measurement Model)和结构模型(Structural Model)两种基本模型，测度模型描述了潜变量与观测变量之间的关系，该模型的好坏反映了测量工具的质量；结构模型描述了潜变量与潜变量之间的关系,即实证模型中各构件之间的因果关系。前文已经检验了出版众筹用户参与行为的测度模型,以下将运用 SEM 检验出版众筹用户参与行为的影响机制模型。

3.6.1 模型拟合

根据 SEM 的建模原则,构建由期望收益、利他主义、感知体验、感知品牌、感知质量、感知价值、网络口碑、信任和参与意愿构成的结构模型。运用 AMOS 20.0 软件,将期望收益、利他主义、感知体验、感知品牌、感知质量、感知价值、网络口碑、信任对参与意愿,以及感知体验、感知品牌、感知质量、感知价值、网络口碑对信任和参与意愿的影响作用进行拟合,修正模型的拟合度指标见表 3-26 所示。表 3-26 显示 $\chi^2/df=2.573<3$,RMSEA <0.08,CFI>0.9,IFI>0.9,GFI>0.9,各拟合指标均达到适配要求,说明模型与样本数据拟合度良好。

表 3-26 出版众筹用户参与意愿影响机制的结构方程模型拟合检验结果

模 型	原始模型	修正模型	建议标准	模型适配判断
χ^2/df	3.642	2.573	<3	是
RMSEA	0.076	0.063	<0.08	是
GFI	0.892	0.914	>0.9	是
AGFI	0.865	0.901	>0.9	是
NFI	0.883	0.906	>0.9	是

(续表)

模　型	原始模型	修正模型	建议标准	模型适配判断
RFI	0.872	0.903	>0.9	是
IFI	0.906	0.937	>0.9	是
TLI	0.895	0.921	>0.9	是
CFI	0.906	0.937	>0.9	是
PGFI	0.754	0.798	>0.5	是
PNFI	0.813	0.821	>0.5	是
PCFI	0.721	0.736	>0.5	是

表3-27　出版众筹参与行为的结构方程模型验证结果

	未标准化估计结果	标准化估计结果	标准误差	T值	显著性p值
参与意愿←期望收益	0.748	0.746	0.041	18.811	***
参与意愿←利他主义	0.292	0.250	0.042	6.568	***
参与意愿←感知体验	0.025	0.031	0.043	0.569	0.569
信任←感知体验	0.421	0.337	0.045	8.426	***
参与意愿←感知品牌	0.637	0.682	0.054	16.508	***
信任←感知品牌	0.489	0.424	0.049	8.460	***
参与意愿←感知质量	0.557	0.532	0.039	8.673	***
信任←感知质量	0.423	0.365	0.046	7.802	***

(续表)

	未标准化估计结果	标准化估计结果	标准误差	T值	显著性p值
参与意愿←感知价值	0.614	0.607	0.042	16.409	***
信任←感知价值	−0.028	−0.027	0.046	−1.024	0.305
参与意愿←网络口碑	0.397	0.426	0.049	7.865	***
信任←网络口碑	0.356	0.328	0.058	6.421	***
参与意愿←信任	0.569	0.574	0.042	8.764	***

注：***表示p<0.001。

3.6.2 模型假设检验

运用AMOS 20.0软件进行结构方程模型的拟合检验，得到结构方程模型的路径系数，如表3-27所示，出版众筹用户参与行为的影响机制模型测量的结构方程模型拟合效果良好。期望收益、利他主义、感知品牌、感知质量、感知价值、网络口碑、信任对出版众筹用户参与意愿都有直接的显著影响作用，而感知体验对出版众筹用户参与意愿没有显著的直接影响作用。信任在感知品牌、感知质量、网络口碑与出版众筹用户参与意愿关系中起部分中介作用，在感知体验与出版众筹用户参与意愿关系中起完全中介作用，在感知价值与出版众筹用户参与意愿关系中不起中介作用。根据表3-27的标准化路径系数和p值，对本研究的研究假设逐一检验，验证结果见表3-28。

表 3－28　研究假设检验结果

研 究 假 设	实证结果	检验结果
H1：期望收益对用户参与意愿有显著正向影响	验证有效	支持假设
H2：利他主义对用户参与意愿有显著正向影响	验证有效	支持假设
H3a：感知体验对用户参与意愿有显著正向影响	不显著	不支持假设
H3b：感知体验对用户信任有显著正向影响	验证有效	支持假设
H4a：感知品牌对用户参与意愿有显著正向影响	验证有效	支持假设
H4b：感知品牌对用户信任有显著正向影响	验证有效	支持假设
H5a：感知质量对用户参与意愿有显著正向影响	验证有效	支持假设
H5b：感知质量对用户信任有显著正向影响	验证有效	支持假设
H6a：感知价值对用户参与意愿有显著正向影响	验证有效	支持假设
H6b：感知价值对用户信任有显著正向影响	不显著	不支持假设
H7a：网络口碑对用户参与意愿有显著正向影响	验证有效	支持假设
H7b：网络口碑对用户信任有显著正向影响	验证有效	支持假设
H8：用户信任对出版众筹参与意愿有显著正向影响	验证有效	支持假设
H10a：在感知体验和出版众筹参与意愿之间，信任充当部分中介变量	部分有效	部分支持假设
H10b：在感知品牌和出版众筹参与意愿之间，信任充当部分中介变量	验证有效	支持假设
H10c：在感知质量和出版众筹参与意愿之间，信任充当部分中介变量	验证有效	支持假设

(续表)

研究假设	实证结果	检验结果
H10d：在感知价值和出版众筹参与意愿之间，信任充当部分中介变量	不显著	不支持假设
H10e：在网络口碑和出版众筹参与意愿之间，信任充当部分中介变量	验证有效	支持假设

3.7 直接经验的调节作用检验

出版众筹是以"互联网+"为基础的新兴出版商业模式，但出版众筹并不像在线购物那么普及。在本研究的样本调查中，一次都没有参与过出版众筹的用户比例较高，达到37.59%。对没有直接经验和有直接经验的用户来说，他们面对出版众筹项目所感知到的风险水平是不同的，从而所做出的决策也有可能是不同的。为了探讨直接经验的差异是否是影响出版众筹用户参与行为的主要因素，有必要分析直接经验在模型中的调节效应，分析的结果将有助于出版众筹平台和出版众筹发起者采取不同的策略，以有效吸引不同用户参与出版众筹项目。

直接经验对出版众筹用户参与行为模型变量关系的调节作用分析按如下步骤进行：首先，根据不同直接经验样本进行分组，分别计算各组路径系数及其显著性水平；其次，通过限制组之间路径系数相等，利用卡方差检验两组路径系数之间是否存在显著性差异；最后，根据输出结果进行判断并进行调节作用分析。

根据出版众筹用户参与的直接经验对整个样本进行分类，分为高直接经验样本和低直接经验样本——有过一次以上出版众筹经验的为高直接经验样本,一次也没有参与过的用户为低直接经验样本,两组样本数量分别为367和221。运用AMOS 20.0,对两组样本分别作结构方程分析,比较拟合优度指标,对两组模型的不同路径系数进行比较,结果如表3-29所示。

表3-29 出版众筹用户分组结构方程模型分析结果

假设路径关系	总样本模型		低直接经验样本模型		高直接经验样本模型	
	标准化路径系数	T值	标准化路径系数	T值	标准化路径系数	T值
期望收益→参与意愿	0.746***	18.811	0.742***	12.628	0.749***	12.401
利他主义→参与意愿	0.250***	6.568	0.248***	6.178	0.251***	6.322
感知体验→参与意愿	0.031	0.569	0.039	0.623	0.052	0.926
感知体验→信任	0.337***	8.426	0.465***	6.831	0.287***	4.572
感知品牌→参与意愿	0.682***	16.508	0.675***	12.214	0.693***	12.601
感知品牌→信任	0.424***	8.460	0.436***	8.125	0.412***	8.264
感知质量→参与意愿	0.532***	8.673	0.226***	4.642	0.713***	8.328
感知质量→信任	0.365***	7.802	0.278***	4.283	0.397***	7.983
感知价值→参与意愿	0.607***	16.409	0.612***	16.628	0.613***	16.496
感知价值→信任	−0.027	−1.024	−0.053	−0.687	0.021	0.262
网络口碑→参与意愿	0.426***	7.865	0.695***	12.647	0.210***	4.872
网络口碑→信任	0.328***	6.421	0.331***	6.232	0.324***	6.121

（续表）

假设路径关系	总样本模型		低直接经验样本模型		高直接经验样本模型	
	标准化路径系数	T值	标准化路径系数	T值	标准化路径系数	T值
信任→参与意愿	0.574***	8.764	0.574***	6.389	0.574***	6.501
模型拟合优度	$\chi^2=560.91$, ($df=218$, $\chi^2/df=2.57$, p=0.00), GFI=0.91, NFI=0.91, IFI=0.94, TLI=0.92, CFI=0.94, RMSEA=0.063		$\chi^2=595.14$, ($df=218$, $\chi^2/df=2.73$, p=0.00), GFI=0.93, NFI=0.95, IFI=0.96, TLI=0.96, CFI=0.96, RMSEA=0.057		$\chi^2=514.48$, ($df=218$, $\chi^2/df=2.36$, p=0.00), GFI=0.90, NFI=0.93, IFI=0.92, TLI=0.92, CFI=0.92, RMSEA=0.049	

注：*表示 p<0.05，**表示 p<0.01，***表示 p<0.001。

对相同结构不同样本间的路径系数和 T 值进行比较可以发现，感知质量到参与意愿与网络口碑到参与意愿这两条路径在高、低直接经验环境下呈现出较大的差异。对路径系数的差异需进一步检验，运用 AMOS 20.0，对两组样本的结构方程回归系数进行分析，得到一个卡方值和自由度，记为 χ_1^2 和 df_1；然后将两组中某一条路径的回归系数限制相等，得到新的卡方值和自由度，记为 χ_2^2 和 df_2；计算前后两次卡方值和自由度的差，得到 $\Delta\chi^2$ 和 Δdf，如果 $\Delta\chi^2$ 是显著的，则说明该条路径在不同的样本中有显著差异，调节变量对该路径具有调节作用[1]。检验结果如表 3-30 所示。

---

[1] 张飞相，杨扬，陈敬良.基于演化博弈的企业知识产权保护与侵权研究[J].商业研究，2015(2)：8-15.

表 3-30　高、低直接经验两组路径系数差异性检验结果

假设路径	路径系数		比较结果			
	高经验	低经验	χ_1^2	χ_2^2	$\Delta\chi^2$	差异是否显著
期望收益→参与意愿	0.749***	0.742***		561.22	0.31	否
利他主义→参与意愿	0.251***	0.248***		561.13	0.22	否
感知体验→参与意愿	0.052	0.039		—	—	—
感知体验→信任	0.287***	0.465***		561.28	0.37	否
感知品牌→参与意愿	0.693***	0.675***		561.19	0.28	否
感知品牌→信任	0.412***	0.436***		561.56	0.65	否
感知质量→参与意愿	0.713***	0.226***	560.91	566.32	5.41*	是
感知质量→信任	0.397***	0.278***		561.87	0.96	否
感知价值→参与意愿	0.613***	0.612***		561.71	0.80	否
感知价值→信任	0.021	−0.053		—	—	—
网络口碑→参与意愿	0.210***	0.695***		567.18	6.27*	是
网络口碑→信任	0.324***	0.331***		561.40	0.49	否
信任→参与意愿	0.574***	0.574***		561.64	0.73	否

注：* 表示 p<0.05，** 表示 p<0.01，*** 表示 p<0.001。

通过以上分析可以看出，直接经验对模型中的感知质量到参与意愿以及网络口碑到参与意愿的路径系数起到较为显著的调节作用。这种调节作用主要体现在高直接经验的样本中，感知质量

到参与意愿的路径系数明显高于低直接经验的样本;同样,在低直接经验的样本中,网络口碑到参与意愿的路径系数明显高于高直接经验样本中的路径系数。由此,假设 H11c 和假设 H11e 得到了支持,而假设 H11a、H11b 和 H11d 没有得到支持。

为了更清晰地描述直接经验对网络口碑、感知质量与出版众筹参与意愿之间关系的调节方向及深层次影响,本研究采用 Aiken & West(1991)①的方法,绘制了在不同直接经验水平下,网络口碑、感知质量与出版众筹参与意愿关系的效应图,分别如图 3-4 和图 3-5 所示。图 3-4 显示:直接经验低时,感知质量对出版众筹参与意愿正向影响较弱;直接经验高时,感知质量对出版众筹参与意愿正向影响较强。图 3-5 显示:直接经验低时,网络口碑对出版众筹参与意愿正向影响较强;直接经验高时,网络口碑对出版众筹参与意愿正向影响较弱②。

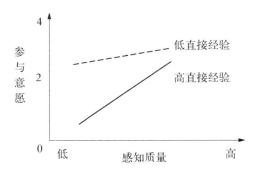

图 3-4 直接经验对感知质量和出版众筹参与意愿关系的调节作用

---

① Aiken L S, West S G. Multiple regression: testing and interpreting interactions[M]. Newbury Park, CA: Sage, 1991: 9-27.
② 杨扬,陈敬良. 网络口碑、感知质量和感知品牌对出版众筹参与意愿的影响机制研究——基于直接经验的调节作用[J]. 预测, 2017(1): 28-40.

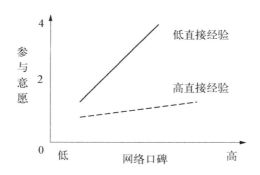

图 3-5　直接经验对网络口碑和出版众筹
　　　　参与意愿关系的调节作用

3.8　模型实证结果讨论

3.8.1　出版众筹用户参与行为的影响因素讨论

从模型的检验结果来看,出版众筹用户参与行为模型中的期望收益、利他主义、感知品牌、感知质量、感知价值以及网络口碑均对出版众筹参与意愿具有显著的正向影响作用,作用的大小依次为期望收益、感知品牌、感知价值、感知质量、网络口碑、利他主义。感知体验对出版众筹用户参与意愿并没有显著的直接正向影响作用;换句话说,用户感知体验的增强并不会直接提高用户参与出版众筹的意愿。

尽管利他主义对出版众筹参与意愿的影响作用最小,其路径系数为 0.250,但利他主义对出版众筹参与意愿仍具有显著的正向影响作用。这表明,在出版众筹活动中存在无私的利他主义行为,有很多用户会无条件支持出版众筹项目以及项目发起人。在目前的出版众筹平台中，大多数出版众筹项目都会有一个"无私支持"选项，出资金额为 1 元到 10 元不等，其解释为"感谢您的无私奉献，这份支持将帮助我们的梦想飞得更高更远"。在众筹网等出版众筹平台中，有一些用户无私支持出版众筹项目的案例，比如众筹网曾有一个众筹出版一位底层打工诗人的遗著——许立志诗集《新的一天》的项目，这个项目由诗人秦晓宇发起，汇集了打工诗人许立志自 2010 年以来在富士康打工期间完成的近 200 首诗。项目的目的是希望通过出版《新的一天》，以告慰诗人许立志并帮助他的家人，同时也让人们通过许立志充满想象力和现实主义的诗歌作品，来关注社会底层打工者的命运。项目最终筹资 136 850元，达到筹资目标的 229％，共有 1 140 人给予支持，其中有 150 人次无偿支持，属于无条件帮助他人的自愿行为。

3.8.2 中介变量的影响作用讨论

从中介变量验证的结果来看，感知品牌、感知质量和网络口碑对出版众筹参与意愿具有显著的直接正向影响作用；同时感知品牌、感知质量和网络口碑又通过信任对出版众筹参与意愿有显著的间接正向影响作用。换句话说，在感知品牌、感知质量和网络口碑对出版众筹参与意愿的影响作用中，信任充当部分中介变量。

感知体验对出版众筹参与意愿不具有显著的直接正向影响作用，但感知体验通过信任对出版众筹参与意愿具有显著的间接正向影响作用。也就是说，在感知体验对出版众筹参与意愿的影响作用中，信任充当完全中介作用。这说明感知体验虽然不能直接影响出版众筹用户的参与意愿，但是感知体验的提高可以增强用户对出版众筹平台以及出版众筹项目的信任度，进而对用户参与出版众筹的意愿产生积极的正向影响作用。

信任在感知价值对出版众筹参与意愿的影响作用中,不起中介作用。这说明虽然感知价值对出版众筹用户的参与意愿具有显著的直接正向影响作用,但感知价值不对信任产生影响作用;也就是说,用户对出版众筹项目感知价值的提高,不能增强其对出版众筹项目的信任水平。

3.8.3　直接经验的调节作用讨论

从表 3-29 和表 3-30 显示的用户分组结构方程模型分析结果来看,首先,不论直接经验高还是低,用户的感知品牌、感知价值均显著影响出版众筹参与意愿。用户的直接经验在感知品牌、感知价值对出版众筹参与意愿的影响作用中没有起到调节作用。这可能是因为,出版众筹的信息不对称导致品牌成为用户是否参与出版众筹项目的主要依据,无论直接经验多寡,用户在进行参与决策时都会同样重视品牌的作用。另一方面,感知价值是用户的一种主观判断,这种主观判断可能与出版众筹经验的高或低没有直接关系。其次,不论直接经验高还是低,用户的感知体验均不影响出版众筹参与意愿。再次,直接经验低时,网络口碑对出版众筹用户参与意愿正向影响较强;直接经验高时,网络口碑对出版众筹参与意愿正向影响较弱。直接经验在网络口碑和出版众筹参与意愿之间起到了负向调节作用。这说明,直接经验低的投资用户,从众心理更强,其参与出版众筹的意愿更依赖于别人的评论;而参与出版众筹经验丰富的用户,具有更独立的价值判断。最后,直接经验低时,网络口碑对出版众筹参与意愿正向影响较强;直接经验高时,网络口碑对出版众筹参与意愿正向影响较弱。直接经验在感知质量和出版众筹用户参与意愿之间起到了正向调节作用。这说明,经验丰富的用户,在决定是否参与出版众筹时,他们更关注的不是别人的评论,而是通过出版众筹发起者对产品的文字和图片描述所感受到的项目质量。

3.9 本章小结

本章通过实证分析的方法,利用 588 份有效数据对出版众筹用户参与行为模型中的各变量进行了探索性因子分析和信度检验及验证性因子分析,对信任在感知体验、感知品牌、感知质量、感知价值和网络口碑对出版众筹用户参与意愿作用中担任的中介变量进行了验证,进而对出版众筹用户参与行为的结构方程模型进行了验证分析,最后根据不同直接经验样本进行分组,分别计算各组路径系数及其显著性水平,检验直接经验的调节作用。研究得出的主要结论如下:

(1)期望收益、利他主义、感知品牌、感知质量、感知价值以及网络口碑对出版众筹参与意愿具有显著的正向影响作用,它们对出版众筹参与意愿的影响程度由大到小依次为期望收益、感知品牌、感知价值、感知质量、网络口碑和利他主义。然而,感知体验对出版众筹用户参与意愿的影响并不显著。

(2)信任在感知品牌、感知质量和网络口碑对出版众筹参与意愿的影响作用中充当部分中介变量,在感知体验对出版众筹参与意愿的影响作用中充当完全中介作用,在感知价值对出版众筹参与意愿的影响作用中不起中介作用。

(3)直接经验在感知质量和出版众筹用户参与意愿之间起正向调节作用,在网络口碑和出版众筹参与意愿之间起负向调节作用,在感知品牌、感知价值对出版众筹参与意愿的影响作用中没有起到调节作用。

第四章 出版众筹用户参与行为的演化博弈分析

本章概述了出版众筹发起与参与行为等问题的现状和演化博弈理论,阐明了利用演化博弈理论研究出版众筹参与行为的意义,具体分析了出版众筹发起用户和投资用户的动态演化博弈过程,确定了出版众筹发起用户和投资用户双方演化稳定的轨迹和演化稳定策略。

4.1 演化博弈论概述

4.1.1 基本假设:有限理性

有限理性是演化博弈论的基本假设。传统的博弈论基本上都是以博弈方具有完全理性为基础,但在现实中,对决策者来说,完全理性是很难达到的,因为人类的理性局限是非常明显的。谢识予(2006)[1]认为人类的有限理性博弈可以用生物进化的动态机制来模拟,因为人类的理性远没有我们想象或希望的那么好,缺乏预

---

① 谢识予.经济博弈论[M].上海:复旦大学出版社,2006.

见和犯愚蠢错误的事情经常发生,而在集体选择问题中表现出来的理性则更差,甚至并不比低等动物、生物种群的选择能力强多少。人类社会频繁发生各种战争和冲突,企业和组织在选择领导人方面表现出来的盲目性和低效率等许多问题,都是人类理性有很大局限性的证明。

在出版众筹的实践活动中,出版众筹项目的发起用户、投资用户以及平台三方之间会受到信息的不对称、决策者认识能力有限等客观条件的限制,他们的决策不可能是完全理性的,应该是有限理性的,而且是动态的反复博弈过程。演化博弈论从系统论出发,将群体行为的调整过程看作是一个动态系统,以有限理性为基础,突破了经典博弈论理性假设的局限,强调动态的均衡[1]。演化博弈论认为,有限理性的经济主体由于信息不对称以及认知局限性等因素,无法准确认知所处的利害状态,而是通过最有利的策略逐渐学习和模仿下去,最终达到一种均衡状态[2]。

4.1.2　演化博弈论的发展

生物进化论是演化博弈的来源。演化博弈论最早源于Fisher、Hamilton、Trivers等遗传生物学家对动物和植物的冲突与合作行为的博弈分析。受达尔文进化论思想的影响,Marshall(1948)指出"物竞天择,适者生存"的演化观点是解释和说明现实世界的途径之一。Marshall之后,许多经济学家开始引入演化思想。Alchian也认同这种演化博弈的观点对经济行为的解释,在他

---

[1] Nowak M A, Sigrnund K. Evolutionary dynamics of biological games[J]. Science, 2004(303): 793-799.

[2] Christian S. Are Evolutionary games another way of thinking about game theory[J]. Journal of Evolutionary Economics, 2004, 14(3): 249-262.

看来,制定各种制度都需要动态的选择机制,而竞争则是这种动态选择机制的基石。Smith(1973)和Price(1974)提出了演化博弈理论中重要的基本概念:演化稳定策略(Evolutionary Stable Strategy, ESS),预示着演化博弈论的正式诞生。随后不久,Taylor & Jonker(1978)[①]从生态演化现象中得到启示,提出了复制者动态方程的概念;自此以后,演化博弈论蓬勃发展起来。演化稳定策略和复制者动态方程构成了演化博弈中最关键的部分,这两个概念一个是演化博弈中参与者如何向其他更优的策略选择的参与者学习的过程,一个是演化最后趋于稳定的过程。在演化稳定最初出现的时候,如果多数人选择的策略是一个稳定的策略,那少数的突变不可能破坏这个群体的稳定;而当整个系统都是稳定的时候,除非有一些特别重大的突发因素强烈地冲击该系统,否则稳定的状态是不会轻易改变的。这个最初的定义与现实的结合并非完美无缺,为了使它更接近现实,许多研究者对其进行了改进,其中比较著名的有Selten、Van Damme、Friedman和Swinkels,他们在不同的时期为ESS做了一系列补充和修正。群体有限的均衡问题也受到了学者的关注,他们深入地探讨这个问题,并提出有限群体ESS的理论。Garay(1998)[②]进一步定义了三个条件,这三个条件保证了有限群体博弈的均衡。总结来看,应用最广泛的还是单个群体的复制者动态,这个概念被广泛应用,并被无数次证明其有效性。

---

① Taylor P, Jonker L. Evolutionary stable strategies and game dynamics[J]. Mathematical Biosciences, 1978(40): 145-156.

② Garay J, Varga Z. Evolutionarily Stable Allele Distributions[J]. Journal of Theoretical Biology, 1998, 191(2): 163-172.

4.1.3 选择机制及有效均衡

演化博弈理论是研究有限理性的博弈理论。博弈方的学习和策略调整是有限理性博弈分析的关键。由于博弈方在理性和学习能力方面存在差异,博弈方策略的动态调整过程需要不同的选择机制,Taylor & Jonker(1978)提出的复制动态方程是被广泛采用的选择机制动态方程。

当博弈方学习速度较慢、理性程度较低时,大群体随机配对的反复博弈中的策略调整适合采用复制动态模拟机制。Taylor & Jonker(1978)提出的单群体复制者动态方程如下:

$$\frac{dx_i(t)}{dt} = x_i [f(s_i, x) - f(x, x)]$$

上式中,在某时刻 t 时,选择纯策略 i 的人数占群体的比例为 x_i,群体中选择纯策略 s_i 的个体得到的期望支付为 $f(s_i, x)$,群体平均期望支付为 $f(x, x)$。

在实际经济活动中,常常会遇到来自不同群体的个体之间相互作用的问题,Selten(1980)给出了多群体复制动态方程:

$$\frac{dx_i^j(t)}{dt} = x_i^j [f(s_i^j, x) - f(x^j, x^{-j})]$$

上式中,在 K 个群体中的第 J 群体为 $J(j=1, 2, 3, \cdots, K)$,在第 J 群体中选择第 i 个纯策略的个体数占群体总数的比例为 x_i^j;在 t 时刻,第 J 群体以外的其他群体所处的状态为 x^{-j},群体 J 中选择第 i 个纯策略 s_i^j 在混合群体状态为 x 时的个体所获得的期望支付为 $f(s_i^j, x)$,混合群体的平均期望支付为 $f(x^j, x^{-j})$。

演化博弈分析的核心不是博弈方的最优策略选择,而是群体成员的博弈策略的调整过程、演进趋势和稳定性。Smith(1973)和 Price(1974)提出的演化稳定策略(ESS)是指:若整个群体的每个个体都采取某一策略,则在自然选择的作用下,该群体可以抵御任何一个突变的策略的侵入。他们给出了单群体对称情形下的演化稳定策略(ESS)的定义:

如果演化稳定策略 $x \in A$,对于 $\forall y \in A, y \neq x$,则存在一个 $\overline{\varepsilon_y} \in (0, 1)$,对于任意 $\varepsilon \in (0, \overline{\varepsilon_y})$,不等式 $u[x, \varepsilon y+(1-\varepsilon)x] > u[y, \varepsilon y+(1-\varepsilon)x]$ 恒成立。

在以上定义中,A 为群体中个体博弈支付矩阵的策略集合,y 为突变策略,$\overline{\varepsilon_y}$ 为侵入界限,是与突变策略 y 有关的一个常数,u 为在由突变群体 εy 和演化稳定策略群体 $(1-\varepsilon)x$ 构成的混合群体中个体所得的期望支付。可以看出,当一个大群体中出现了一个选择突变策略的小群体,如果原群体中的个体采取的是演化稳定策略,则在混合群体中采取演化稳定策略的个体在博弈中所得的期望支付恒大于采取突变策略的个体所得的期望支付,即采取突变策略的个体无法侵入一个采取了演化稳定策略的大群体,该群体不会偏离演化稳定状态。

在现实社会经济活动中,很多策略博弈行为通常是来自两个或多个群体的个体之间的非对称博弈,Selten(1980)描绘了两群体非对称情形下演化稳定策略(ESS)的概念:

在一个存在角色限制的博弈 G 中,如果有一个博弈行为策略 $s=(s_1, s_2)$ 满足以下条件:① 对任何 $s' \in S \times S$ 且 $s \neq s'$ 有 $f(s, s) \geqslant f(s, s')$;② 若 $f(s, s) = f(s, s')$,有 $f(s, s') \geqslant f(s', s')$;那么策略 $s=(s_1, s_2)$ 称为演化稳定策略。

从定义的条件①可以看出,当在非对称两群体博弈中存在演化稳定策略 s 时,由于选择不同策略 s' 的个体所得的期望支付小于选择演化稳定策略 s 的所得,故突变策略不能侵入到原群体中;从条件②中可以看出,采取演化稳定策略 s 的个体可以侵入采取突变策略的群体中。

为了使演化稳定策略的概念与现实更接近,学者们对其不断进行改进和完善,Friedman 给出了多群体非对称情形下演化博弈稳定策略,Garay & Varga(2000)[①]提出了严格 N 群体情形下 ESS 的概念。

4.1.4 演化博弈论的应用

演化博弈论的应用从最初的生物学领域不断延伸到社会科学等各个领域,尤其在经济学、管理学等学科中的应用研究更是得到了迅速发展。Gou 等(2008)[②]运用演化博弈理论研究了企业间合作伙伴的信任关系,研究认为,企业伙伴之间的合作最重要的是完善信任约束机制。Yu 等(2009)[③]运用演化博弈理论,对上下游分别采取传统库存模式和 VMI 模式的博弈进行了比较分析,研究认为,合作对 VMI 的持续成功至关重要。Tomassini 等(2010)[④]对信任和合作的问题进行了研究,结果表明,在鹰鸽演化博弈中,当个体可以与不满意的伙伴解除关系、并可以结交新的伙伴时,合作

---

① Garay J, Varga Z. Strict ESS for n-species systems[J]. Biosystems, 2000, 56(2-3): 131-137.

② Gou C, Guo X, Chen F. Study on system dynamics of evolutionary mix-game models[J]. Physica A Statistical Mechanics & Its Application, 2008, 387(387): 6353-6359.

③ Yu Y, Chu F, Chen H. A Stackelberg game and its improvement in a VMI system with a manufacturing vendor[J]. European Journal of Operational Research, 2009, 192(3): 929-948.

④ Tomassini M, Pestelacci E, Luthi L. Mutual trust and cooperation in the evolutionary hawks-doves game[J]. Bio Systems, 2010, 99(1): 50.

就成为一种常态,而且具有鲁棒性。Kamhoua 等(2011)[①]运用演化博弈理论分析了互联网中合作、信任、隐私以及安全的内在联系,研究表明,在互联网中相互信任是保护隐私和高效协作的必要条件。

国内学者也广泛应用演化博弈理论对经济学、管理学等领域的问题进行研究。谈正达等(2006)[②]运用演化博弈理论,分析了产业集群的知识共享机制的动态演变过程。关树明等(2007)[③]运用演化博弈理论分析了互联网 B2C 交易中,企业和消费者的双方利益关系和依存状态。马鹤丹和袁长峰(2010)[④]运用演化博弈理论,分析了创业与创投的动态演化博弈过程以及产生逆向选择的原因。杨扬和陈敬良(2014)[⑤]运用演化博弈方法,建立了我国高新技术企业知识产权质押融资行为的演化博弈模型,对高新技术企业知识产权质押融资的均衡情况、策略选择和影响因素进行了分析。张飞相等(2015)[⑥]应用演化博弈方法构建了企业与政府知识产权保护和侵权演化博弈模型,分析了两类企业与政府均衡情况和策略选择。

[①] Charles Kamhoua, Niki Pissinou, Kia Makki. Game theoretic modeling and evolution of trust in autonomous multi-hop networks[J]. IEEE ICCC, 2011.

[②] 谈正达,王文平,谈英姿. 产业集群的知识共享机制的演化博弈分析[J]. 运筹与管理,2006(4):56-64.

[③] 关树明,吕绪华,郭红. B2C 电子商务中诚信问题的进化博弈论分析[J]. 河北工程大学学报,2007(3):3-8.

[④] 马鹤丹,袁长峰. 创业企业与创投之间逆向选择产生的演化博弈分析[J]. 生产力研究,2010(3):9-16

[⑤] 杨扬,陈敬良. 我国高新技术企业知识产权质押融资机制的演化博弈分析[J]. 工业技术经济,2014(7):43-48.

[⑥] 张飞相,杨扬,陈敬良. 基于演化博弈的企业知识产权保护与侵权研究[J]. 商业研究,2015(2):8-15.

4.2 出版众筹发起与参与行为的演化博弈

出版众筹项目的发起者、投资者以及众筹平台三方所面临的决策环境是复杂的。对出版众筹项目的发起者来说,在众筹平台上公布自己的出版项目的创意存在被抄袭和剽窃的风险;对投资者来说,该出版众筹项目是否能够吸引投资者投资或者值得投资者投资都存在较大不确定性,投资者可以选择投资或不投资的策略。在出版众筹的过程中,众筹平台有四种运营模式:一是收费服务模式,即出版众筹成功的项目向平台支付一定比例的费用;二是免费服务模式,即出版内容提供者可以在众筹平台上免费发起众筹出版项目;三是平台补贴模式,即平台为了促进出版项目众筹成功,向出版众筹项目的投资者进行一定的补贴;四是平台风险补偿模式,即平台对那些众筹虽然成功,但最后跳票、没有达到预期或者投资回报较低的出版众筹项目的投资方进行风险补偿。

4.2.1 收费服务模式下的演化博弈

4.2.1.1 模型的假设与建立

出版众筹项目的发起和投资行为是在一个具有不确定性和有限理性的空间进行的,出版众筹项目的发起用户和投资用户彼此的策略相互影响。因此,出版众筹发起与投资行为在外部环境变化和内部结构调整的交互作用中,随着时间推移而不断演变进化。演化博弈理论借鉴生物系统自然选择的逻辑,假定出版众筹项目发起用户群体或投资参与群体某种策略的增长率依赖于它的适应度,产生更高收益的策略具有更高的增长率。因此,发起者群体和投资参与群体可以通过学习和模仿,使那些应用成功策略的发起者和投资者数量增加。

在平台收费服务的条件下,为了便于分析出版众筹发起与投资参与行为的演化博弈情况,作出如下假设:

(1) 出版众筹活动中存在两个博弈参与方:出版众筹项目提供用户群体和出版众筹投资用户群体,博弈双方都是有限理性。由于出版众筹项目发起用户在创新过程中存在不确定的风险,因此在融资双方的博弈过程中,出版众筹发起用户是博弈双方的弱势一方,出版众筹投资者是强势一方。

(2) 出版众筹发起者和投资者两类群体共同构成四种策略组合:(发起,投资),(发起,不投资),(不发起,投资)和(不发起,不投资)。

(3) 行为策略采用的比例:出版众筹项目发起者群体中,采取发起众筹和不采取发起众筹策略的比例分别为 p 和 $1-p$ ($p \in [0,1]$);出版众筹参与者群体中,采取投资和不采取投资策略的比例分别为 q 和 $1-q$ ($q \in [0,1]$)。

博弈双方支付的函数见下表:

表 4-1 收费服务模式下出版众筹发起者与投资者支付矩阵

博弈双方		投资者	
		参与	不参与
发起者	发起	$u_1-c, \alpha u_2-i$	$0, \pi_2$
	不发起	$\pi_1, 0$	π_1, π_2

其中,出版内容提供者不选择发起众筹的正常收益为 π_1;

出版项目发起众筹的成本为 c,主要是众筹平台收费的服务成本;

出版项目众筹成功后获得的融资收益为 u_1;

众筹成功后,出版项目顺利出版发行的概率为 α;

投资者不参与该出版项目众筹时的收益为 π_2;

投资者参与该出版项目众筹的收益为 u_2;

投资者参与该出版项目众筹的投资金额为 i;

投资者的风险损失概率为 $1-\alpha$。

根据表 4-1 的支付矩阵,出版内容提供者采取发起众筹策略的期望收益为:

$$E_{1y}=q(u_1-c) \quad (4.1)$$

出版内容提供者不采取发起众筹策略的期望收益为:

$$E_{1n}=\pi_1 \quad (4.2)$$

出版内容提供者的平均期望收益为:

$$\overline{E}_1=pE_{1y}+(1-p)E_{1n} \quad (4.3)$$

出版内容提供者策略选择的复制动态方程为:

$$\frac{dp}{dt}=p(E_{1y}-\overline{E}_1)=p(1-p)[q(u_1-c)-\pi_1] \quad (4.4)$$

同理,投资者选择参与众筹策略的期望收益为:

$$E_{2y}=p(\alpha u_2-i) \quad (4.5)$$

投资者选择不参与众筹策略时,获得的期望收益为:

$$E_{2n} = \pi_2 \quad (4.6)$$

出版众筹投资者的平均期望收益为：

$$\overline{E}_2 = qE_{2y} + (1-q)E_{2n} \quad (4.7)$$

出版众筹投资者策略选择的复制动态方程为：

$$\frac{dq}{dt} = q(E_{2y} - \overline{E}_2) = q(1-q)[p(\alpha u_2 - i) - \pi_2] \quad (4.8)$$

4.2.1.2 演化博弈模型分析

令 $\frac{dp}{dt} = 0$ 且 $\frac{dq}{dt} = 0$，可得 5 个均衡点 $(0,0)$，$(0,1)$，$(1,0)$，$(1,1)$，(p^*, q^*)。其中 $p^* = \frac{\pi_2}{\alpha u_2 - i} \in [0,1]$，$q^* = \frac{\pi_1}{u_1 - c} \in [0,1]$。对于一个由微分方程描述的群体动态系统，其均衡点的稳定性可以由该系统的雅克比矩阵的局部稳定性得到[①]。系统的雅克比矩阵为：

$$J = \begin{pmatrix} (1-2p)[q(u_1-c)-\pi_1] & p(1-p)(u_1-c) \\ q(1-q)(\alpha u_2 - i) & (1-2q)[p(\alpha u_2 - i) - \pi_2] \end{pmatrix}$$

该均衡点是否为演化稳定策略（ESS）要由该系统雅克比矩阵的局部稳定性来判断，若均衡点对应矩阵的 $\det(J) > 0$，且 $tr(J) < 0$，则为 ESS；若 $tr(J) = 0$，则为鞍点。根据 $\det(J)$ 和 $tr(J)$ 的结果和系统演化稳定策略的条件，在不同情形下，得到均衡点的局部稳定分析结果，见表 4-2：

---

① Friedman D. Evolutionary games in economics[J]. Econometric, 1991(59): 637-639.

表 4-2 稳定性分析

均衡点			(0, 0)	(0, 1)	(1, 0)	(1, 1)	(p^*, q^*)
情形 1	$u_1 - c > \pi_1$ $\alpha u_2 - i > \pi_2$	$\det(J)$	+	+	+	+	−
		$tr(J)$	−	+	+	−	0
		结果	ESS	不稳定	不稳定	ESS	鞍点
情形 2	$u_1 - c < \pi_1$ $\alpha u_2 - i > \pi_2$	$\det(J)$	+	−	+	−	−
		$tr(J)$	−	N	+	N	0
		结果	ESS	鞍点	不稳定	鞍点	鞍点
情形 3	$u_1 - c < \pi_1$ $\alpha u_2 - i < \pi_2$	$\det(J)$	+	−	−	+	−
		$tr(J)$	−	N	N	+	0
		结果	ESS	鞍点	鞍点	不稳定	鞍点
情形 4	$u_1 - c > \pi_1$ $\alpha u_2 - i < \pi_2$	$\det(J)$	+	+	−	−	−
		$tr(J)$	−	+	N	N	0
		结果	ESS	不稳定	鞍点	鞍点	鞍点

由表 4-2 可知,在情形 2、情形 3 和情形 4 时,(不发起,不参与)是 ESS。即在这三种情形下,出版内容的生产者或提供者不会选择发起众筹策略,投资者也不会参与出版众筹。情形 1 时,(发起,参与)和(不发起,不参与)是 ESS。即当投资者通过参与该出版众筹后获得的预期收益减去投资金额大于不参与该出版项目众筹时的预期收益,并且出版内容生产者或提供者选择发起众筹的预期收益大于采取众筹的预期成本和不采取众筹的预期收益时,

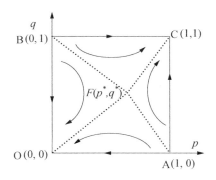

图 4-1 情形 1 时的系统动态演化相图

经过长期的反复博弈,出版众筹投资用户和出版众筹发起用户采取(发起,参与)策略或采取(不发起,不参与)策略是演化稳定策略。此系统还存在 2 个不稳定的平衡点(0,1),(1,0)和一个鞍点(p^*,q^*)。出版众筹投资用户和出版众筹发起用户的动态演化过程如图 4-1 所示。

在图 4-1 中,O 点和 C 点是演化稳定策略,O 点表示出版内容生产者或提供者不采取众筹方式募集资金,投资者不参与众筹;C 点表示出版内容生产者或提供者采取众筹方式募集资金,大众积极参与出版众筹。在图 4-1 中 AFBO 形成的区域,双方行为的演化博弈将收敛于 O 点,即系统会收敛到帕累托劣均衡 O(0,0);在 AFBC 形成的区域,双方行为的演化博弈将收敛于 C 点,即系统会收敛到帕累托最优均衡 C(1,1)。系统最终将沿哪条路径收敛到哪个均衡策略,要看系统的初始状态,而系统的初始状态与博弈双方收益函数的参数初始值及其变化密切相关。

由鞍点 F 的表达式 $p^* = \dfrac{\pi_2}{\alpha u_2 - i}$,$q^* = \dfrac{\pi_1}{u_1 - c}$ 可知,当 i 和 c 值越来越小、α 值越来越大时,也即投资者参与出版众筹的投资金额、发起众筹的成本以及出版众筹的风险损失概率越来越小时,p^* 和 q^* 值越来越小,AFBC 形成的区域就越来越大,双方最终收敛到帕累托最优均衡状态的概率也就越来越大。同理,当 u_i($i=1,2$)值越来越大,也即出版众筹投资者的期望收益和出版众筹发起者的期望收益越来越大时，p^* 和 q^* 值越来越小，双方最终收敛到帕累托最优均衡状态的概率也就越来越大。

由于出版众筹的发起者和投资者通过出版众筹获得的期望收益 $u_i(i=1,2)$ 是相对固定的，所以，对系统演化过程产生影响的主要是 c、i、α。根据上面所述，当出版项目发起的众筹成本 c 越来越低、投资者投资的金额 i 越来越小，以及众筹的风险损失概率越来越小时，双方最终会达到帕累托最优均衡状态。然而在现实中，由于出版行业的特殊性，以及可能涉及知识产权侵权等问题，出版众筹成功的项目存在不能正常出版和发行的风险，这使得投资者对出版众筹的期望收益 u_2 产生不确定性，最终导致系统收敛到帕累托劣均衡 $O(0,0)$ 的概率增大，即投资者不参与出版众筹的可能性加大。

4.2.2 免费服务模式下的演化博弈

互联网平台采取免费服务模式是中国互联网行业普遍的做法。在此模式下，博弈双方支付的函数见下表：

表 4-3 免费服务模式下出版众筹发起者与投资者支付矩阵

博弈双方		投资者	
		参 与	不参与
发起者	发起	$u_1, \alpha u_2 - i$	$0, \pi_2$
	不发起	$\pi_1, 0$	π_1, π_2

根据表 4-3 的支付矩阵，出版内容提供者采取发起众筹策略的期望收益为：

$$E_{1y} = qu_1 \tag{4.9}$$

出版内容提供者不采取发起众筹策略的期望收益为：

$$E_{1n} = \pi_1 \tag{4.10}$$

出版内容提供者的平均期望收益为：

$$\overline{E}_1 = pE_{1y} + (1-p)E_{1n} \tag{4.11}$$

出版内容提供者策略选择的复制动态方程为：

$$\frac{dp}{dt} = p(E_{1y} - \overline{E}_1) = p(1-p)[qu_1 - \pi_1] \tag{4.12}$$

同理，投资者选择参与众筹策略的期望收益为：

$$E_{2y} = p(\alpha u_2 - i) \tag{4.13}$$

投资者选择不参与众筹策略时，获得的期望收益为：

$$E_{2n} = \pi_2 \tag{4.14}$$

出版众筹投资用户的平均期望收益为：

$$\overline{E}_2 = qE_{2y} + (1-q)E_{2n} \tag{4.15}$$

出版众筹投资用户策略选择的复制动态方程为：

$$\frac{dq}{dt} = q(E_{2y} - \overline{E}_2) = q(1-q)[p(\alpha u_2 - i) - \pi_2] \tag{4.16}$$

令 $\frac{dp}{dt} = 0$ 且 $\frac{dq}{dt} = 0$，可得 5 个均衡点 $(0,0)$，$(0,1)$，$(1,0)$，$(1,1)$，(p^*, q^*)。其中 $p^* = \frac{\pi_2}{\alpha u_2 - i} \in [0,1]$，$q^* = \frac{\pi_1}{u_1} \in [0,1]$。

在不同情形下,得到均衡点的局部稳定分析结果见表 4-4:

表 4-4　稳定性分析

均衡点			(0, 0)	(0, 1)	(1, 0)	(1, 1)	(p^*, q^*)
情形 1	$u_1 > \pi_1$ $\alpha u_2 - i > \pi_2$	$\det(J)$	+	+	+	+	-
		$tr(J)$	-	+	+	-	0
		结果	ESS	不稳定	不稳定	ESS	鞍点
情形 2	$u_1 < \pi_1$ $\alpha u_2 - i > \pi_2$	$\det(J)$	+	-	+	-	-
		$tr(J)$	-	N	+	N	0
		结果	ESS	鞍点	不稳定	鞍点	鞍点
情形 3	$u_1 < \pi_1$ $\alpha u_2 - i < \pi_2$	$\det(J)$	+	-	-	+	-
		$tr(J)$	-	N	N	+	0
		结果	ESS	鞍点	鞍点	不稳定	鞍点
情形 4	$u_1 > \pi_1$ $\alpha u_2 - i < \pi_2$	$\det(J)$	+	+	-	-	-
		$tr(J)$	-	+	N	N	0
		结果	ESS	不稳定	鞍点	鞍点	鞍点

由表 4-4 可知,情形 1 时,(发起,参与)和(不发起,不参与)是 ESS。即当投资者通过参与该出版众筹后获得的预期收益减去投资金额大于不参与该出版项目众筹时的预期收益,并且出版内容生产者或提供者选择发起众筹的预期收益大于不采取众筹的预期收益时,经过长期的反复博弈,出版众筹投资者和出版众筹发起者采取(发起,参与)策略或采取(不发起,不参与)策略是演化稳定

策略。此系统还存在 2 个不稳定的平衡点 $(0,1)$,$(1,0)$ 和一个鞍点 (p^*,q^*),出版众筹投资者和出版众筹发起者动态演化相图与图 4-1 的形状类似。在出版众筹免费服务模式下,当出版众筹投资者和发起者的预期收益一定时,其策略选择主要与投资金额 i 大小、风险损失概率 α 相关。即当 i 值或 α 值越来越小时,双方最终收敛到帕累托最优均衡状态的概率越来越大。

4.2.3　平台补贴机制下的演化博弈

出版众筹平台补贴机制是指为了促进出版众筹,平台分别向出版项目众筹成功的投资者和发起者进行一定的补贴。为了增加用户对平台的黏性,最大程度上获得市场占有率,在目前的互联网公司中,平台补贴是一种比较常见的行为,比如 2014 年滴滴打车和快的打车的补贴大战、2015 年滴滴和 Uber 的补贴大战。基于此,建立平台补贴机制下出版众筹的发起者与投资者博弈的支付矩阵:

表 4-5　平台补贴机制下出版众筹发起者与投资者支付矩阵

博弈双方		投资者	
		参与	不参与
发起者	发起	u_1-c+t_1, αu_2-i+t_2	0, π_2
	不发起	π_1, 0	π_1, π_2

其中,出版内容提供者不选择发起众筹的正常收益为 π_1;

出版项目发起众筹的成本为 c,包括众筹平台服务成本和交易成本等;出版项目众筹成功后获得的融资收益为 u_1;

出版项目众筹成功后获得的平台补贴为 t_1；

众筹成功后，出版项目顺利出版发行的概率为 α；

投资用户不参与该出版项目众筹时的收益为 π_2；

投资者参与该出版项目众筹的收益为 u_2；

出版项目众筹成功后，投资者获得的平台补贴为 t_2；

投资用户参与该出版项目众筹的投资金额为 i；

投资用户的风险损失概率为 $1-\alpha$；

根据表4-5的支付矩阵，出版内容提供者采取发起众筹策略的期望收益为：

$$E_{1y} = q(u_1 - c + t_1) \tag{4.17}$$

出版内容提供者不采取发起众筹策略的期望收益为：

$$E_{1n} = \pi_1 \tag{4.18}$$

出版内容提供者的平均期望收益为：

$$\overline{E}_1 = pE_{1y} + (1-p)E_{1n} \tag{4.19}$$

出版内容提供者策略选择的复制动态方程为：

$$\frac{dp}{dt} = p(E_{1y} - \overline{E}_1) = p(1-p)[q(u_1 - c + t_1) - \pi_1] \tag{4.20}$$

同理，投资者选择参与众筹策略的期望收益为：

$$E_{2y} = p(\alpha u_2 - i + t_2) \tag{4.21}$$

投资者选择不参与众筹策略时，获得的期望收益为：

$$E_{2n} = \pi_2 \tag{4.22}$$

出版众筹投资用户的平均期望收益为：
$$\overline{E}_2 = qE_{2y} + (1-q)E_{2n} \quad (4.23)$$

出版众筹投资用户策略选择的复制动态方程为：
$$\frac{dq}{dt} = q(E_{2y} - \overline{E}_2) = q(1-q)[p(\alpha u_2 - i + t_2) - \pi_2] \quad (4.24)$$

令 $\frac{dp}{dt}=0$ 且 $\frac{dq}{dt}=0$，可得 5 个均衡点 $(0,0)$，$(0,1)$，$(1,0)$，$(1,1)$，(p^*, q^*)。其中 $p^* = \frac{\pi_2}{\alpha u_2 - i + t_2} \in [0,1]$，$q^* = \frac{\pi_1}{u_1 - c + t_1} \in [0,1]$。

在不同情形下，得到均衡点的局部稳定分析结果见表 4-6：

表 4-6 稳定性分析

均衡点			$(0,0)$	$(0,1)$	$(1,0)$	$(1,1)$	(p^*, q^*)
情形 1	$u_1 - c + t_1 > \pi_1$ $\alpha u_2 - i + t_2 > \pi_2$	$\det(J)$	+	+	+	+	−
		$tr(J)$	−	+	+	−	0
		结果	ESS	不稳定	不稳定	ESS	鞍点
情形 2	$u_1 - c + t_1 < \pi_1$ $\alpha u_2 - i + t_2 > \pi_2$	$\det(J)$	+	−	+	−	−
		$tr(J)$	−	N	+	N	0
		结果	ESS	鞍点	不稳定	鞍点	鞍点

(续表)

均衡点			(0, 0)	(0, 1)	(1, 0)	(1, 1)	(p^*, q^*)
情形3	$u_1-c+t_1<\pi_1$ $\alpha u_2-i+t_2<\pi_2$	$\det(J)$	+	−	−	+	−
		$tr(J)$	−	N	N	+	0
		结果	ESS	鞍点	鞍点	不稳定	鞍点
情形4	$u_1-c+t_1>\pi_1$ $\alpha u_2-i+t_2<\pi_2$	$\det(J)$	+	+	−	−	−
		$tr(J)$	−	+	N	N	0
		结果	ESS	不稳定	鞍点	鞍点	鞍点

由表4-6可知,当$u_1-c+t_1>\pi_1$,$\alpha u_2-i+t_2>\pi_2$时,(发起,参与)和(不发起,不参与)是ESS。

也即当投资者通过参与该出版众筹后获得的预期收益减去投资金额再加上平台的补贴大于不参与该出版项目众筹时的预期收益,并且出版内容生产者或提供者选择发起众筹的预期收益加上平台的补贴大于采取众筹的预期成本和不采取众筹的预期收益时,经过长期的反复博弈,出版众筹投资者和出版众筹发起者采取(发起,参与)策略或采取(不发起,不参与)策略是演化稳定策略。此系统还存在2个不稳定的平衡点(0,1),(1,0)和一个鞍点(p^*, q^*),出版众筹投资者和出版众筹发起者动态演化相图与图4-1的形状类似。当平台的补贴$t_i(i=1,2)$值越来越大,由鞍点F的表达式可知,p^*和q^*值越来越小,AFBC形成的区域就越来越大,双方最终收敛到帕累托最优均衡状态的概率也就越来越大。

4.2.4 风险补偿机制下的演化博弈

出版众筹风险补偿机制是指出版众筹虽然成功，但出版内容却不能正常出版与发行，或出版与发行后投资者对出版产品不满意时，出版内容提供者和平台对众筹投资者进行补偿的机制。换句话说，在这种机制下，出版众筹投资者的风险损失概率转嫁给了平台和出版内容提供者。出版众筹的发起者与投资者博弈双方支付的函数见表4-7：

表4-7 风险补偿机制下出版众筹发起者与投资者支付矩阵

博弈双方		投资者	
		参与	不参与
发起者	发起	$u_1 - c - \beta r, u_2 - i$	$0, \pi_2$
	不发起	$\pi_1, 0$	π_1, π_2

其中，出版内容提供者不选择发起众筹的正常收益为 π_1；

出版项目发起众筹的成本为 c，包括众筹平台服务成本和交易成本等；

出版项目众筹成功后获得的融资收益为 u_1；

投资者不参与该出版项目众筹时的收益为 π_2；

投资者参与该出版项目众筹的收益为 u_2；

投资者参与该出版项目众筹的投资金额为 i；

出版内容提供者承担的风险概率为 β；

出版内容提供者承担的最高风险补偿额为 r；

根据表4-7的支付矩阵，出版内容提供者策略选择的复制动

态方程为:

$$\frac{dp}{dt}=p(E_{1y}-\overline{E}_1)=p(1-p)[q(u_1-c-\beta r)-\pi_1]$$
(4.25)

出版众筹投资者策略选择的复制动态方程为:

$$\frac{dq}{dt}=q(E_{2y}-\overline{E}_2)=q(1-q)[p(u_2-i)-\pi_2] \quad (4.26)$$

令 $\frac{dp}{dt}=0$ 且 $\frac{dq}{dt}=0$,可得 5 个均衡点 $(0,0)$,$(0,1)$,$(1,0)$,$(1,1)$,(p^*,q^*)。其中 $p^*=\frac{\pi_2}{u_2-i}\in[0,1]$,$q^*=\frac{\pi_1}{u_1-c-\beta r}\in[0,1]$。

当 $u_1-c-\beta r>\pi_1$,$u_2-i>\pi_2$ 时,(发起,参与)和(不发起,不参与)是 ESS。系统的动态演化相图与图 4-1 的形状类似。由于出版众筹投资者是博弈双方的强势一方,出版众筹发起者是弱势一方,在风险补偿机制下,对于出版众筹投资者而言,只要参与出版项目众筹的收益减去投资金额大于不参与众筹时的收益,投资者的最优策略就是选择出版众筹策略。此时,系统最终收敛到哪个均衡策略取决于出版众筹发起者的选择。只要出版众筹发起者能够承担众筹的成本和风险补偿,出版众筹就能成功实现。

4.3 本章小结

在出版众筹过程中,出版众筹的发起和参与行为是基于有限理性的动态博弈。本章运用演化博弈方法,分别探讨了收费模式、免费模式、平台补贴模式以及平台风险补偿模式下的出版众筹参与行为演化博弈模型。研究发现,无论在何种模式下,出版众筹参与行为选择演化系统既可以收敛到帕累托最优均衡状态,也可以收敛到帕累托劣均衡状态;通过调节模型中的参数可以达到帕累托最优均衡状态。

第一,在收费服务模式下,出版众筹的发起与参与行为是否能够收敛于帕累托最优均衡状态,与出版众筹的投资金额、众筹成本以及众筹的风险损失概率相关。投资金额、众筹成本、风险损失概率越小,双方最终收敛到帕累托最优均衡状态的概率也就越大。由于出版行业具有很强的意识形态属性,众筹出版的内容和创意也容易受到剽窃和抄袭,众筹成功的项目在出版过程中会遇到障碍或者出版发行后利益会受到损失,这会使得投资者对出版众筹的期望收益产生很大不确定性,从而导致系统收敛到帕累托劣均衡的概率增大。

第二,在免费服务模式下,出版众筹的发起与参与行为能否收敛于帕累托最优均衡状态,与出版众筹的投资金额以及众筹的风险损失概率相关。投资金额和风险损失概率越小,双方最终收敛到帕累托最优均衡状态的概率也就越大。在此模式下,由于出版业的特殊性,投资者的期望收益仍然存在不确定性。

第三,在平台补贴模式下,出版众筹的发起与参与行为能否收敛到帕累托最优均衡状态,不仅与出版众筹的投资金额、众筹成本以及众筹的风险损失概率相关,而且与平台补贴相关。平台补贴额度越大,双方最终收敛到帕累托最优均衡状态的概率也就越大。尽管在平台补贴模式下,出版众筹仍然存在不能出版或发行利益受损的可能性,投资者的期望收益仍然存在不确定,但是随着平台补贴的加大，投资者的确定性会加强，从而会使得系统收敛到帕累托最优均衡的概率增大。

第四，在风险补偿模式下，出版众筹投资者的风险损失概率转嫁给了平台和出版众筹发起者，因此出版投资者的期望收益具有确定性，从而出版众筹的发起和参与行为能否收敛于帕累托最优均衡状态主要取决于出版众筹发起者。当众筹成本越小，并且出版众筹发起者承担的风险补偿也越小时，系统收敛到帕累托最优均衡的概率越大。

根据上述研究结论，分别从出版众筹平台角度、出版众筹发起者以及投资者的角度提出如下建议：

出版众筹平台角度 出版众筹平台是出版众筹发起者与投资者之间的中介和桥梁。出版众筹能否成功，出版众筹平台起着很重要的关键作用。与电影众筹等项目不同，出版众筹项目所需筹集的资金较少，因此出版众筹的发起与参与行为是否能够收敛于帕累托最优均衡状态，主要与众筹成本以及众筹的风险损失概率相关。出版众筹平台可以通过免费服务模式降低众筹成本，促进出版内容提供者发起众筹项目。此外，考虑到出版行业的特殊性以及出版内容的信息不对称、投资者的期望收益存在不确定性，因此出版众筹平台可以采取对投资者进行补贴或风险补偿的方式，以吸引大众参与出版众筹。

出版众筹发起者角度 出版内容的信息不对称是造成出版众筹投资者的期望收益不确定的重要因素。出版内容提供者在众筹平台发布出版项目信息的过程中，既要注重知识产权保护，也要充分展示自己的项目详情和独特创意，消除由于信息不对称所造成的投资犹豫心理。另一方面，出版行业的意识形态属性，客观上决定了国家对出版内容的审查不可避免。为化解由于审查不通过而

带来的不能出版发行的风险,出版众筹发起者和众筹平台应选择适合众筹的出版内容进行众筹,并对众筹成功却出版失败的项目进行风险补偿。此外,由于出版众筹的投资金额越小,大众参与出版众筹的可能性越大,出版众筹项目发起者应合理降低筹款目标。

  出版众筹投资者角度 出版众筹能否成功主要取决于大众是否参与。吸引大众参与出版众筹,除了出版众筹发起者和众筹平台要加大努力程度以外,大众也需要改变自己的投资态度和消费习惯。参与出版众筹的投资者应适当降低投资期望值,不过分追求物质奖励和回报。在现实中,许多投资者参与出版众筹主要追求的是一种创意实现和内容出版的参与感。另一方面,大众应认识到参与出版众筹虽然是一种投资行为,但更多的还是一种预先消费行为。

第五章 基于双边市场的出版众筹平台定价机制研究

出版众筹平台是一个可以为出版内容提供者提供融融资、宣传和出版服务于一体的平台,是一个可以为投资用户提供投资、阅读消费、出版产品衍生服务的平台。出版众筹平台在投资用户和出版内容提供者之间架起了一座桥梁,促进众筹交易的实现,并从中获得相应收益。因此,出版众筹平台运营商如何通过制定合理的价格,从而吸引出版众筹发起用户和投资用户发生相互作用,并能确保自身获得相应收益是平台运行的核心内容之一。本章首先分析了出版众筹平台双边市场(Two-sided markets)的结构、特征、属性以及商业模式,进而构建了出版众筹垄断平台的定价模型和双平台竞争的定价模型,探讨了出版众筹平台的收费策略。

5.1 出版众筹平台的双边市场基本理论分析

本节首先对双边市场理论基础进行综述,在此基础上,系统分析出版众筹平台的双边市场结构、属性以及定价行为等双边市场特征。

5.1.1 双边市场基本理论基础

5.1.1.1 双边市场的定义

Wright(2004)[1]认为双边市场是指：在一个市场中存在一个发挥媒介作用的平台，通过这个平台，市场中的两类不同的用户相互发生作用；在此过程中，平台和两类不同的用户都能获得收益或价值。

Rochet & Tirole(2004)[2]认为，双边市场是以交易平台为基础，平台的每一边参与者都可以有效进入市场，通过合理的定价策略形成互动的市场类型。换句话说，平台能够吸引市场中的双边用户，即买方和卖方；同时也能够让平台自身在市场交易中获得收益或者至少保持财务上的收支平衡。他们从平台定价的角度给出了双边市场的严格的定义：假设市场中存在一个平台，这个平台对双边用户，也即买方用户和卖方用户的每次交易分别收取 α_b 和 α_s。假设在平台上成交的交易量 V 只是由总价格水平 $\alpha = \alpha_b + \alpha_s$ 来决定，也就是平台对总价格在双边用户之间的分配是不敏感的，则买方用户和卖方用户的交易市场是单边的。相比较来看，假设 V 随着 α_b 而变化，而 α 保持不变，则表示这个市场是双边市场。换言之，作为一个双边市场需要满足以下三个基本条件：

（1）市场中存在一个平台，它具有中介作用，可以把市场两边的用户关联在一起；

（2）市场中的平台可以向双边用户采取不同的定价；

---

[1] Wright J. The Determinants of Optimal Interchange Fees in Payment Systems [J]. Journal of Industrial Economics, 2004, 52(1): 1-26.

[2] Rochet J, Tirole J. Defining two-sided markets[J]. Mimeo, IDEI, Universite de Toulouse, 2004.

(3)平台的定价策略与平台的成交量之间具有一定的相关性,不同的定价策略会导致不同的成交量。

Roson(2005)[①]研究指出,所谓的双边市场是指市场中存在一个平台,向两组不同的交易参与用户分别提供产品或服务,为了将这两组不同的交易参与用户吸引到平台上,平台对每一组参与用户制定相应的交易价格。

Rochet & Tirole(2005)[②]进一步给出了双边市场的定义:市场中存在一个交易平台,它可以通过改变市场中一边用户的交易价格,从而促使另一边用户的交易数量发生改变,那么这个市场是双边市场。也就是说,平台的定价结构对双边市场中的交易起到主要作用。因此,平台只有通过设计合理的价格结构,才能吸引市场中的双边用户在平台上发生交易的相互作用。

综合以上学者的定义可知,在双边市场中存在一个具有中介作用的平台,市场中两种不同类型的用户通过这个平台相互发生作用,从而获得相应的价值和收益。双边市场的基本结构如图5-1所示:

图5-1 双边市场基本结构图

在现实中,具有上述双边市场特征的企业是普遍存在的。出版众筹平台就是一种典型的双边市场结构,众筹平台企业联结着

---

① Roson. Two-sided markets. Mimeo. Department of Science Economic[J]. University Ca' Focari diVenezia, 2004.

② Rochet J, Tirole J. Two-sided markets: a progress report[J]. Mimeo, IDEI, Universite de Toulouse, 2005.

出版众筹项目的提供者和出版众筹的支持者,出版众筹项目的提供者为一"边",出版众筹的支持者为另一"边"。出版众筹平台不同的定价模式会导致不同的交易数量。

5.1.1.2 双边市场的特征

Rochet & Tirole(2001)[①]认为双边市场主要有两个特征:一是市场中两组不同的用户在需求方面具有互补性(complementary),随之产生网络外部性,这种网络外部性需要平台进行内部化;二是平台收取的总费用在两边用户之间价格结构分配的非中性。所谓价格结构非中性是指,倘若平台对两边用户的定价的总费用是固定的,这个总费用在两边用户中的分配叫作价格结构。假设平台的交易量与价格结构有关,即使总费用不变,调整总费用在两边用户的比例也会使得平台的交易量发生改变,那么就说明价格结构是非中性的。Evans(2003)[②]指出双边市场主要是因为以下三个原因而存在:有两组或多组需求不同的用户;不同需求的用户以某种形式相互联系;中间层必须内部化由一边用户或另一边用户产生的外部性。程贵孙和陈宏民等(2006)[③]在研究中指出双边市场的双边用户在需求上的相互补充、相互依赖,正是平台的价值所在,也是双边市场得以运作的基础。

综上所述,可对双边市场的特征概括如下:

(1) 双边市场存在两组或多组不同的用户群体,互联网上的

[①] Jean Charles Rochet, Jean Tirole. Platform Competition in Two-Sided Markets[J]. Mimeo. 2001: 1-45.

[②] Evans, David S. The antitrust economics of multi-sided platform markets[J]. Yale Journal on Regulation, 2003, 20(2): 325-381.

[③] 程贵孙,陈宏民,孙武军. 双边市场视角下的平台企业行为研究[J]. 经济理论与经济管理, 2006(9): 55-60.

交易平台一般包括买方和卖方两大用户群体；出版众筹平台则包括出版众筹项目提供用户和支持用户（也就是投资用户）两大群体。

（2）双边市场具有明显的网络外部性特征。例如使用电话的人越多，人们就越愿意使用电话，反之亦然；再例如，使用互联网的用户规模越大，用户享受到的互联网上的服务效用也会越大。

（3）双边市场向平台中的双边用户销售的产品或服务具有相互依赖性和互补性。换句话说，平台提供的产品或服务能满足双边用户的需求时，双边市场的价值才能得到体现。

（4）双边市场中的平台收取费用表现为价格结构非中性。

5.1.1.3 双边市场的分类

对双边市场分类的问题，从目前的研究文献来看，主要集中在两个角度。

5.1.1.3.1 市场角度

（1）以市场功能来分类，主要分为以下几种类型，包括目录服务、配对市场、支付安排、搜索引擎、交易地点以及媒体市场等。

（2）以市场参与者的数量进行分类，将双边市场分为两个类型：简单的双边市场、复杂的双边市场。

5.1.1.3.2 平台角度

（1）根据市场中平台竞争情况可以分为三类：垄断平台、竞争平台以及竞争性瓶颈平台；

（2）根据平台的所有权可分为两类：独立平台和垂直一体化平台；

（3）根据平台的功能可分为四类：中介市场组成、受众制造的市场、共享的投入市场、基于交易的市场。

双边市场的分类如表5-1所示。

表5-1 双边市场分类

分类角度	分类标准	主要标准	学者
基于市场角度	市场功能	目录服务：如电话黄页	Wright & Kaiser(2004)
		配对市场：如婚介、就业市场	
		支付安排：信用卡、借记卡	
		搜索引擎：百度	
		交易地点：淘宝、京东	
		媒体市场：网络门户、优酷、报刊	
	市场参与者数量	简单的双边市场：如报刊、无线电视等 这一类市场由买方、卖方和平台三方组成	Rochet & Tirole(2004)
		复杂的双边市场：互联网、信用卡等 这一类市场由更多的参与者组成	
基于平台角度	基于平台的竞争情况	垄断平台：在该市场只存在一个平台可供双边选择	Amstrong (2004)
		竞争平台：市场中有多个平台可供双边选择，但单一参与者只能参与一个平台	
		竞争性瓶颈平台：参与者希望能加入市场中所有平台，这样就形成了多归属情况	

(续表)

分类角度	分类标准	主 要 标 准	学者
基于平台角度	基于平台的所有权	独立平台：该平台又称为垂直分解平台，这类平台的所有权由中间层组织拥有	Roson(2004)
		垂直一体化平台：该平台中用户也可以拥有自己的平台摊位	
	基于平台的功能	中介市场组成：平台的主要作用是担当双边之间的匹配者	Hagiu(2004)
		受众制造的市场：平台主要承担市场制造者的角色	
		共享的投入市场：用户必须首先获得瓶颈投入，应用软件开发商在技术上依赖于操作	
		基于交易的市场：平台能够测量市场两边的所有交易，平台面临两阶段博弈的问题	

5.1.1.4 双边市场的市场结构

双边市场的市场结构是双边市场研究的起点。本节主要分析以下几种市场结构。

5.1.1.4.1 基本市场结构

Rochet & Tirole(2004)[①]把网络外部性分为"使用外部性"（Usage Externalities）和"成员外部性"（Membership Externalities）。

---

① Rochet J C, Tirole J. Two-Sided Markets：An Overview [J]. 2004, 51(11)：233-260.

所谓使用外部性,是与交易量相关的外部性,平台中的交易量越大、使用频率越高,在规模经济和范围经济等因素的影响下,平台使用的成本就越低,网络的吸引力就越强。成员外部性是指用户只需加入网络,成为其中的成员,不用对产品或服务进行消费,就会影响其他用户的消费决策行为。成员外部性影响了企业和用户的预期,因此它是一种事前外部性。使用外部性因为直接降低了平台的运营成本,所以可以被认为是一种事后外部性。由于使用外部性和成员外部性的存在,平台的核心价值才能得以体现。

平台对两边的不同用户可以收取固定的费用,通常为接入费或注册费;也可以按照交易的次数收费,一般称为交易费。两边的用户之间可以有交易关系,也可以没有。从现实来看,出版众筹平台是典型的使用外部性结构。

5.1.1.4.2 用户多归属的结构

用户多归属的结构也是双边市场中的常态情形。经济学家用单归属表示一个用户只接入一个平台的情形,用多归属表示一个用户接入多个平台的情形。对某边的单个用户来说,其归属情况只有两种:单归属或多归属。但对某边的用户群来说,就存在三种归属情况:全部单归属、全部多归属和部分多归属。为了讨论的方便,Armstrong(2006)[1]把双边用户的归属情况分为三种情形:两边均单归属;一边单归属,另一边多归属;两边均多归属。如图5-2所示。

如果某类双边市场只有一个垄断平台,两边均单归属的情形就会出现。比如,如果市场上只有一家第三方出版众筹平台,那么

---

[1] Armstrong M. Competition in two-sided markets [J]. Rand Journal of Economics, 2006, 37(3): 668-691.

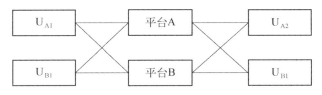

图 5-2　两边多归属条件下的双边市场结构

不管是出版众筹发起者和出版众筹投资者,都只能选择加入这个唯一的平台来满足需求。在竞争市场中,也广泛存在一边单归属,另一边多归属的情形,即某一边的用户只选择一个平台,另一边的用户选择多个平台,比如操作系统的平台。同样,在竞争性市场中,如果平台提供的服务或产品差异化程度较高,双边用户就会希望使用多个平台以接触更广泛的潜在交易对象,这时就会出现两边均多归属的情形。

例如社交网络程序开发商希望能将他们的程序应用接入多个操作系统平台,最终用户也希望接入多个操作系统平台(Windows、Android)应用社交网络程序;出版众筹项目提供者希望能将他们的项目在多个众筹平台上发布,出版众筹投资者也希望能够在多个平台上寻找出版众筹项目。

5.1.1.5　双边市场的市场行为

由上文对双边市场的特征和结构的分析可知,平台是双边市场运行的核心,平台的行为对双边用户的行为以及平台的市场竞争力等有着重要的影响作用。学界对平台市场行为的研究主要集中在定价、一体化和差异化竞争等方面。

5.1.1.5.1　定价行为

定价行为是平台企业的核心行为,平台采取不同的定价策略将会导致平台的不同利润和两边用户不同的参与规模。Armstrong(2006)从平台双边用户之间交叉网络外部性的角度，构建了垄断平台和竞争平台的定价模型，阐释了双边市场不对称定价的原理。他将 Hotelling 模型引入定价策略，进一步研究发现竞争平台的定价除了与边际成本、需求函数有关之外，还与两边用户之间的交叉网络外部性有关。纪汉霖、管锡展(2006)[①]研究认为，在双边市场中，平台会从整体角度来考虑其收益，而不会只考虑从一边用户获取收益，所以平台一般会采取非对称的定价策略来扩大用户规模、实现平台收益。滴滴打车平台对消费者的补贴就是一个典型的例子。程贵孙(2010)[②]主要研究了双边用户彼此组内网络外部性对双边市场定价策略的影响，其研究发现，如果平台双边用户是单归属接入，那么平台对消费者的定价不受组内网络外部性的影响，但是平台对企业的定价受到组内网络外部性强度的正向影响。如果平台一边的企业用户是多归属接入，平台对消费者的定价受组内网络外部性强度的正向影响，而平台对企业的定价不受组内网络外部性的影响。同时，无论是单归属还是多归属，在平台竞争的市场中，平台利润水平受到双边用户之间的交叉网络外部性反向影响，受到彼此组内网络外部性的正向影响。

综上所述，平台定价受到用户规模、需求弹性以及网络外部性等因素的影响。

5.1.1.5.2 平台一体化

双边市场的平台一体化主要包括横向一体化和纵向一体化两

---

① 纪汉霖,管锡展.双边市场及其定价策略研究[J].外国经济与管理,2006,3(28):15-23.

② 程贵孙.组内网络外部性对双边市场定价的影响分析[J].管理科学,2010(2):107-113.

种方式。Economides & Salop(1992)[1]对双平台竞争市场环境下的平台纵向一体化与横向一体化进行了研究,结果发现,横向一体化会使价格提高,纵向一体化会使价格降低;倘若两个平台间具有较强的相互替代性,纵向一体化平台的定价高于纵向分离平台的定价。Farrell & Katz(2000)[2]研究认为,平台和平台互补企业的纵向一体化会让平台产生更高的收益,会使其在竞争中更具有优势,所以会导致市场中的中立平台处于劣势地位。Economides & Katsamakas(2005)[3]对封闭操作系统平台和开放操作系统平台的定价和收益进行了对比分析,认为在开放系统、纵向一体化操作系统和纵向分离操作系统三种类型的操作系统平台中,纵向一体化操作系统平台在市场份额和平台利润方面都占有绝对优势。

朱振中和吕廷杰(2007)[4]分析了媒体与广告商组建垂直联盟的激励问题,研究表明,当媒体差异化程度较大时,媒体都组建垂直联盟是最佳选择;然而,如果媒体的替代性较强,则会都保持独立然后达到纳什均衡。纪汉霖和管锡展(2008)考察了一个一般性的双边平台纵向一体化行为的模型,研究发现无论是在垄断还是竞争环境下,平台具有进行一体化的内在激励,在平台间存在竞争时,一体化策略能够获得较纵向分离结构更高的利润。宋佳佳和

---

[1] Economides N, Salop S C. Competition and Integration Among Complements, and Network Market Structure[J]. Journal of Industrial Economics, 1992, 40(1): 105-123.

[2] Farrell J, Katz M L. Innovation, Rent Extraction, and Integration in Systems Markets[J]. The Journal of Industrial Economics, 2000, 48(4): 413-432.

[3] Economides N, Katsamakas E. A Comparison of Application and Platform Innovation Incentives for Open Source and Proprietary Software Platforms[J]. Economics of Open Source Software Development, 2005(5-07): 207-218.

[4] 朱振中,吕廷杰. 具有负的双边网络外部性的媒体市场竞争研究[J]. 管理科学学报,2007(12): 13-23.

武邦涛(2010)[①]研究了软件产业平台与开发商纵向一体化问题,结果表明,太强或太弱的组间网络外部性及较低的整合成本都会促使平台产生纵向一体化,而纵向一体化会导致用户福利降低。李新义和汪浩瀚(2010)[②]通过田野调查,实证研究了我国互联网传媒业领域平台横向兼并的定价及收益问题,认为平台间的横向兼并对广告主的定价没有显著影响,同时也不会影响对受众用户的定价。就短期而言,平台间的横向兼并不会显著影响兼并发起方的收益水平;就长期而言,平台间的横向兼并会显著影响兼并发起方的收益水平。张新香和胡立君(2010)[③]运用双边市场理论,通过实证分析研究,认为移动运营商和服务提供商的纵向一体化能够对产业链整体竞争力的提升起到促进作用;服务提供商之间的横向一体化能够有效提升产业链整体竞争力。

综合前人的研究,整体而言,纵向一体化能提高平台的市场竞争力,平台有纵向一体化的内在动力。出版众筹平台企业可以收购上游出版商或与其深度合作,并整合下游印刷商、物流企业等。

5.1.1.5.3 平台差异化竞争

目前对双边市场的理论分析,主要集中在市场双边主体对平台的偏好差异角度,从平台竞争策略差异化角度分析的文献则较少。而在双边市场的环境下,差异化的竞争策略是平台竞争的常用方式。在这一竞争策略下,平台如何进行定价来吸引市场的双

---

① 宋佳佳,武邦涛.平台竞争环境下软件产业的纵向一体化选择[J].科技管理研究,2010(2):110-112.

② 李新义,汪浩瀚.双边市场横向兼并的定价及福利研究——以中国网络传媒业为例[J].财经研究,2010,1(36):27-33.

③ 张新香,胡立君.数据业务时代我国移动通信产业链整合模式及绩效研究——基于双边市场理论的分析视角[J].中国工业经济,2010,6(6):147-157.

边是决定企业竞争成败的关键①。Armstrong & Wright(2004)研究了平台差异化对平台定价策略的影响,结果发现平台提供的产品或服务差异化越大,平台对两边用户的定价就越高;平台差异化越小,平台在市场中的竞争就越激烈,从而导致平台对用户的定价会下降,所以平台必须加强竞争差异化。

对平台差异化的分析主要集中在横向差异化和纵向差异化这两种情形。纵向差异化是指平台通过选择特殊的服务水平使平台之间区别开来,其中用户对更高或更低质量平台的选择取决于收益和相对的质量需求。横向差异化是指平台通过选择独有的特性或价格来吸引特定的用户群,从而使平台之间区别开来。Hagiu(2004)②研究了采取横向差异化策略的平台,结果认为,假如平台上的消费者对另一边产品的种类比较敏感,平台将从消费者一边获取主要受益。这可以被认为是消费者为产品的偏好所付出的代价。Chakravorti & Roson(2004)③建立了平台竞争的 Hotelling 模型,研究指出当平台对一边市场 M 的降价会引起另一边市场 N 价格相对提高时,互为竞争关系的另一平台就会相应调高对 M 的定价,同时调低对 N 的定价。Armstrong(2006)研究发现交叉网络外部性加剧了平台市场的竞争,当存在较大的平台差异化时,促使平台对用户收取高价,以提高平台的收益,因此平台具有差异化经营的倾向。Kaiser & Wright(2004)④同样也运用 Hotelling 模

---

① 王娜. 双边平台企业价格策略研究[D]. 武汉大学博士论文. 2012.
② Hagiu A. Two-Sided Platforms: Pricing and Social Efficiency[J]. Discussion Papers,2004.
③ Chakravorti S, Roson R. Platform Competition in Two-Sided Markets: The Case of Payment Networks[J]. Review of Network Economics,2004,5(1):118-143.
④ Kaiser U, Wright J. Price structure in two-sided markets: Evidence from the magazine industry[J]. International Journal of Industrial Organization,2004,24(1):1-28.

型论证了杂志出版行业交叉网络外部性的作用：杂志出版行业对读者进行补贴的同时对广告商收取高价，读者需求的上升带来了广告量的增长。Armstrong & Wright(2007)[①]以 Hotelling 模型为基础，研究了平台差异化竞争对平台定价策略的影响。研究认为市场中的平台差异越大，平台越能提高两边用户的定价；差异越小，市场中的平台竞争越是激烈，平台对用户的定价会降至零。郭新茹等(2014)[②]也通过构建 Hotelling 模型，证明了在竞争性环境下，平台服务的差异化对两个众筹平台收益的影响，差异化程度越大，平台收益越高。

Parker & Alstyne(2000)[③]通过建立模型，对软件平台的纵向差异化进行了研究，结果表明垄断平台对低版本软件实行免费可以刺激用户对高版本产品的需求。Barros 等(2004)[④]对两个媒体企业向消费者提供差异化服务进行了研究，结果表明，服务差异化程度的降低，将导致广告价格的提高和广告数量的下滑。Kind 等(2005)[⑤]研究了竞争市场中媒体平台的收益方式，结果表明，媒体平台内容差异化程度越小，收益中来自广告的收入将更多。Galeotti

---

[①] Armstrong M, Wright J. Two-sided markets, competitive bottlenecks and exclusive contracts[J]. Economic Theory, 2007, 32(2): 353 – 380.

[②] 郭新茹,韩顺法,李丽娜. 基于双边市场理论的众筹平台竞争行为及策略[J]. 江西社会科学,2014(7): 79 – 84.

[③] Parker G, Alstyne MWV. Information Complements, Substitutes, and Strategic Product Design[J]. William Davidson Institute Working Papers, 2000.

[④] Barros P, Kind H, Nilssen. Tetal Media competition on the internet[J]. Topics in Economic Analysis & Policy, 2005, 4(1): 1343 – 1375.

[⑤] Kind H J, Nilssen T, Sorgard L. Financing of media firms: do competition matter? [C]. Norwegian School of Economics and Business Administration Working Paper, 2005.

& Gonzaléz(2009)[1]构建了一个提供差异化产品的平台的双边市场模型,研究表明,增加产品差异化的程度,将提高平台对消费者的价值;同时,在此情形下,平台也会提高对消费者和对企业的收费。

纪汉霖和管锡展(2007)[2]针对有质量差异的双边市场建立垄断与竞争模型,他们把垄断平台分为同时提供高质量与低质量服务、先提供低质量服务再提供高质量服务以及先提供高质量服务再提供低质量服务三种情况研究发现,第三种情况比第一种情况平台的利润更高,并且利润随着网络外部性的增强而提高;第二种情况对利润的影响模糊;对于两个存在服务差异的平台竞争的情况,发现服务质量高的平台会进一步提高质量,而服务质量低的平台仍维持低水平。李泉和陈宏民(2008)[3]对双边市场平台的纵向差异化竞争进行了研究,发现双边市场达到均衡时纵向差异化程度会降低,也即提供高质量产品的平台会主动调低价格,降低与提供低质量产品的平台的差异。在现实中,这种现象比较普遍,比如互联网行业的价格战等。

5.1.1.5.4 双边市场基本模型

双边市场的基本模型主要包括三个主体:平台、买方用户以及卖方用户。本书就出版众筹平台这一双边市场,将基本模型中的买方与卖方分别细化为出版众筹的投资者与出版众筹项目的发起者。一个典型的出版众筹平台的双边市场基本模型可以用图5-3表示。

---

[1] Galeotti A J, Gonzaléz J M. Platform intermediation in a market for differentiated products[J]. European Economic Review,2009(53):417-428.
[2] 纪汉霖,管锡展.服务质量差异化条件下的双边市场定价策略研究[J].产业经济研究,2007(1):11-18.
[3] 李泉,陈宏民.基于双边市场框架的软件产业效率与福利分析[J].系统管理学报,2008(8):361-364.

图 5-3　出版众筹平台双边市场结构示意图

根据基本模型,设定基本参数如下:

A:出版众筹平台;

S:出版众筹发起者;

B:出版众筹投资者;

P_b:平台向出版众筹投资者收取的费用(若 $P_b < 0$,表示平台对出版众筹投资者进行补贴);

P_s:平台向出版众筹发起者收取的费用(若 $P_s < 0$,表示平台对出版众筹发起者进行补贴);

F:出版众筹发起者向投资者的融资额;

d:出版众筹平台与出版众筹发起者之间的互补价格弹性;

Q_b:出版众筹投资者对平台的需求;

Q_s:出版众筹投资者对出版众筹项目的需求。

基于上述设定的基本参数,假设出版众筹平台需求结构是线性的,则有:

出版众筹平台 A 的需求函数为:$Q_b = a_0 - b_0 P_s - dF$;

出版众筹项目 I 的需求函数为:$Q_s = a_1 - b_1 F - dP_b$;

假设存在这一类用户,其对出版众筹平台的需求比出版众筹项目的单一需求大,

即:$a_1 < a_0 < 1$;

同时还假设平台和出版众筹项目的价格弹性都要大于互补价格弹性,

即：$b_0, b_1 > d$。

因此，平台的利润函数为：$\pi_0 = \pi_0 b + \pi_0 a$。

且假设交易成本为零，则：

$\pi_0 b = P_b \times Q_b$ 表示平台从出版众筹投资者获得的利润；

$\pi_0 a = P_s \times Q_s$ 表示平台从出版众筹发起者获得的利润；

出版众筹发起者的利润函数为：$F = (F - P_s)Q_s$。

5.1.2　出版众筹平台的双边市场特征

出版众筹是互联网产业快速发展的一个新兴产物，对出版产业的发展产生了深远影响，它打破了传统的由出版社或者内容生产者负责出版资金的模式，同时也让出版产品的传统消费者不再是纯粹的读者，而是变成了参与者、投资者和创造者。众筹出版改变了消费者为出版产品付费的方式，将"出版内容和服务"的购买者转变成了"出版项目和创意"的投资者。出版众筹平台主要的作用是吸引出版内容生产者和广大的互联网用户来使用该平台，完成出版项目的发起、融资、出版服务等活动，形成一个出版众筹项目供给和需求自由选择的交易环境。出版众筹是一个典型的双边市场，一边是出版内容生产者和发起者，而另一边则是支持和投资出版项目和创意的互联网用户。

5.1.2.1　出版众筹平台的双边市场结构

出版众筹的双边市场中存在平台运营商、出版内容提供者和项目支持者三个主体的相互作用。出版内容提供者和项目支持者对出版众筹平台的需求相互依赖、相互补充。对平台运营商来说，互联网时代，平台已经成为双边市场中的制胜法宝。从主导者的角度来看，出版众筹平台主要可以分为两类：一类是由第三方主导，也就是互联网服务提供商主导的出版众筹平台，提供基于出版众筹服务的交易平台，比如当当图书众筹、京东出版众筹、淘宝出版众筹、众筹网等；另一类是由出版商主导，由出版商自主运营面向读者和消费者的出版众筹平台。出版商主导的出版众筹平台，其优势在于出版内容和出版权的供应。就出版众筹发起者而言，也可以分为两类：一类是出版内容的生产者和原创者，比如文学作品、学术作品的作者，可以称之为自出版作者；另一类是出版内容提供商，比如拥有出版内容资源和出版权的出版社。出版众筹投资者是广大的互联网用户和消费者，不同的用户对出版众筹项目有不同的需求，用户在平台上可以各取所需，选择不同的出版众筹发起者所提供的出版内容和衍生服务。用户还可以根据自身的感知体验，向出版众筹平台提出改进建议。由于出版众筹平台具有交叉网络外部性，随着平台的出版众筹发起用户的增加，投资用户从平台所获得的效用也将增加。因此，投资用户往往选择出版内容提供用户规模较大的出版众筹平台。

5.1.2.2 出版众筹平台双边市场属性

国内外学者一致认为，平台两边用户之间具有一定程度的交叉网络外部性和需求互补性，并且平台对双边用户的定价结构也会影响平台的交易规模，这是双边市场平台的主要基本特征。出版众筹平台的双边市场属性可总结如下：

第一，交叉网络外部性。交叉网络外部性分为正外部性和负外部性。所谓交叉网络正外部性，是指一边的用户规模越大，平台对另一边用户的吸引力越强，该边用户加入平台所获得的效用也将越高。交叉网络外部性为负时，用户效用的影响则相反。

对于出版众筹平台而言，双边用户间的交叉网络外部性为正。

以投资用户一边来说,当一个出版众筹平台的出版内容提供用户规模更大时,投资用户匹配到符合其需求的出版众筹项目的可能性更高,投资用户获得的效用也就越高,反之则相反。比如美国著名的众筹平台 Kickstarter,由于积累了大量的出版众筹投资用户,该平台对出版内容提供用户的吸引力很强,促使出版内容提供用户不断增加,这反过来又加大了 Kickstarter 平台对投资用户的吸引力。自从 Kickstarter 于 2009 年成立以来,出版众筹项目一直是该平台上最成功的众筹项目之一。

第二,价格结构非中性特征。这是指在平台总收费水平不变的情况下,平台向某一边用户收费的变化会影响另一边用户的规模,进而会影响到平台对另一边用户的收费水平和收益水平。假设平台的交易量与价格结构有关,即使总费用不变,调整总费用在两边用户的比例也会使得平台的交易量发生改变,那么就说明价格结构是非中性的。所以,平台的定价要对双边用户都具有吸引力[1]。

对于出版众筹平台而言,随着平台向出版众筹发起用户收费提高,出版众筹平台的出版内容提供用户规模将会减少,投资用户获得的效用将会下降,所以平台对投资用户的定价需要降低。相反,如果平台对投资用户的定价维持在较高水平,平台就要降低对出版内容提供用户的定价水平。

第三,双边需求具有互补特征。在出版众筹的双边市场中,双边用户对出版众筹平台的服务需求具有互补性。所谓互补性指的是在同一市场实现需求的互补,如手机与充电器等。在出版众筹

---

[1] 黄民礼. 双边市场与市场形态的演进[J]. 首都经贸大学学报,2007,9(3): 43-51.

市场中，双边需求互补性指的是平台两边用户的总体需求互补性，投资用户选择接入平台，是因为出版内容提供用户通过平台提供了出版项目众筹服务；出版内容提供用户选择接入平台，是因为通过平台可以募集到实现作品出版的资金，以及对作品进行精准营销。

实际上，出版众筹平台缺少任何一方都不可能促使交易完成，另一方接入平台的需求也就不可能存在。因此出版众筹平台一个重要的运营行为就是将双边用户吸引到平台上，并使其保持对平台的忠诚度。在实践中，平台对双边往往会采取不同的策略来预先"锁定"某边用户，以此为"筹码"吸引另一边用户的接入。当双边用户均达到一定规模后，由于交叉网络外部性的存在，平台两边的用户将互相"锁定"，此时平台将进入稳定发展期。

第四，双边用户的多归属性。这是指出版众筹平台两边的出版众筹发起用户与投资用户均有可以同时接入多个平台的特征。多平台接入主要是为了能够更大程度地享受另一边用户规模带来的网络外部性，进而使得一边用户可以允许多平台接入①。由于在实践中，尤其在我国，互联网平台通常对两边用户收取较低的接入费用，甚至免费，因此在以互联网为基础的出版众筹平台结构中，出版众筹发起用户和投资用户同时多归属是一种普遍现象。

比如，国内的第三方众筹平台三巨头，分别是京东众筹、淘宝众筹和众筹网。当出版内容提供用户或投资用户同时使用上述三个众筹平台时，就会出现出版众筹平台多归属现象。一般而言，出版众筹平台用户的多归属会对平台的定价行为等竞争策略和利润水平带来影响。

---

① 张志杰. 智能手机操作系统的竞争与发展[D]. 北京邮电大学博士论文，2012.

5.1.3 出版众筹平台双边市场的商业模式

出版众筹平台两边分别为投资用户和出版众筹发起用户，投资用户(b)是出版众筹平台的使用者和消费者，出版众筹发起用户(s)是出版众筹平台的众筹发起者和内容提供者。假设投资用户(b)、出版众筹发起用户(s)分别都是同质的，即平台一边用户之间的差异对另一边用户来说是一致的。在忽略平台竞争情况下，平台可能的收费或商业模式有以下三种模型。

5.1.3.1 平台收取接入费模型

(1) n_b，n_s 分别为出版众筹平台投资用户和出版众筹发起者的用户数；

(2) u_b，u_s 分别为投资方和出版众筹发起方从平台获得的效用；

(3) v_b，v_s 分别为投资方和出版众筹发起方从平台获得的基础效用，即在不考虑平台另一边用户规模的情况下，双边用户获得的基础价值；

(4) α，β 分别代表平台对投资用户或出版众筹发起用户的网络外部性强弱；

(5) p_b，p_s 分别为平台向投资用户和出版众筹发起用户收取的接入费，也称注册费；

(6) f_b，f_s 为平台每多接入一个用户(投资用户或出版众筹发起用户)，平台所要付出的边际成本；

在模型中，忽略平台双边用户彼此的内部网络外部性，则投资用户和出版众筹发起用户接入平台并获得平台服务后的效用分别为：

$$u_b = v_b + n_s \times \alpha - p_b$$
$$u_s = v_s + n_b \times \beta - p_s$$

平台的收益为：

$$\pi = n_b \times (p_b - f_b) + n_s \times (p_s - f_s)$$

5.1.3.2 平台收取交易费模型

（1）t_b，t_s 分别代表出版众筹平台投资用户和出版众筹发起用户的交易次数；

（2）λ_b，λ_s 为平台与投资方和出版众筹发起方的交易费，其他符号同平台收取接入费模型。

当平台不收取固定接入费，而改为收取交易费时，投资用户和出版众筹发起用户接入平台并获得平台服务后的效用为：

$$u_b = v_b + n_s \times \alpha - \lambda_b t_b$$
$$u_s = v_s + n_b \times \beta - \lambda_s t_s$$

此时平台的收益为：

$$\pi = n_b \times (\lambda_b t_b - f_b) + n_s \times (\lambda_s t_s - f_s)$$

5.1.3.3 平台收取广告收入的模型

对出版众筹平台而言，收费的方式包括对双边用户收取接入费、对出版众筹发起方收取交易费，同时也可以引入广告，从而获得广告收入。用 R_a 代表平台获得的广告收入。广告收入一般与投资用户和出版众筹发起用户使用平台的频率和内容有关，所以 R_a 是 t_b，t_s 的函数，可表示为：$R_a = \phi(t_b, t_s)$，则三方的收益如下。

投资用户和出版众筹发起用户接入平台并获得平台服务后的效用为：

$$u_b = v_b + n_s \times \alpha - p_b$$
$$u_s = v_s + n_b \times \beta - \lambda_s t_s$$

平台的收益为：

$$\pi = n_b \times (p_b - f_b) + n_s \times (\lambda_s t_s - f_s) + \phi(t_b, t_s)$$

以上简单建立了三种出版众筹平台的商业模型。在平台的具体运营中，这三种商业模型也会受到平台的不同所有权、定价策略等因素的影响而发生相应的变化。

5.2 垄断平台的定价机制

本节建立了出版众筹市场完全垄断平台的定价模型，即探讨了出版众筹市场中仅有一个众筹平台运营商时的定价策略；对在均衡中，出版众筹平台的三种不同定价方式进行了比较研究。

5.2.1 模型假设及参数设定

本节所讨论的出版众筹垄断市场，是基于完全垄断情况下所展开的研究。完全垄断是指在一个市场中，仅存在唯一的企业生产和销售某种产品，该企业所生产和销售的产品不存在完全的替代产品，则这个市场被称为完全垄断市场[1]。在此情形下，其他任何企业都没有能力进入该市场。完全垄断市场属于一种极端的市

---

[1] 高鸿业. 西方经济学（微观部分）[M]. 北京：中国人民大学出版社，2011.

场结构,在现实的市场中非常少见,或者只是出现在该市场的诞生期,也即市场兴起的早期阶段。比如苹果公司的智能手机,在智能手机兴起的初期时处于完全垄断的地位,此后,随着智能手机市场的不断发展,其他企业也都进入了该市场。

出版众筹作为当前一种新兴的互联网出版模式,兴起仅数年。因此在早期的出版众筹市场中,有个别众筹平台在一定时间和一定区域内获得了短期的完全垄断市场。比如众筹平台的鼻祖——2009年成立的美国众筹网站Kickstarter、2011年在我国上线的众筹平台——点名时间,后者在2011年到2012年之间,在国内处于完全的垄断地位。然而,由于众筹业务和规模的不断扩大,再加上其他众筹平台运营商如雨后春笋般纷纷出现和崛起,出版众筹的市场竞争也越来越激烈。目前,不同规模和类型的众筹网站遍布全国,而我国最早的众筹网站——点名时间已经转型,不再从事众筹业务。

本节的讨论首先基于完全垄断的市场结构,也即市场中只存在一个出版众筹平台运营商,同时所有的投资用户和出版内容提供商都通过这一互联网平台实现双方的交互作用。这是其他类型市场结构分析的逻辑起点与基础。

鉴于出版众筹市场的实际情况,为了简化模型而不失一般性,这里首先给出以下假设:

(1) 假设市场上只有一个出版众筹平台运营商,向出版内容提供者(l)和投资用户(i)提供交互服务并促成双方之间达成众筹交易,从中收取相应费用,以获取收益。

(2) 假设n_i和n_l分别表示加入该出版众筹平台的参与用户和出版众筹发起用户的数量,u_i和u_l分别为单个投资用户和单个出版内容提供者选择加入该出版众筹平台的期望效用。在出版众筹市场中,出版内容提供用户的数量与其期望效用成正比,期望效用越大,表明该出版众筹平台越吸引出版内容提供用户,从而促使出版内容提供用户数量在该平台上不断增加。

（3）交叉网络外部性存在于投资用户和出版内容提供者之间。交叉网络外部性意味着出版众筹平台上投资用户数量的增加会促进出版内容提供者效用的提高；与此相同,出版内容提供者数量的增加也会正向影响用户所实现的效用。

用 α_i 代表加入出版众筹平台的投资用户对出版内容提供用户的交叉网络外部性参数,α_l 代表加入出版众筹平台的内容提供用户对投资用户的交叉网络外部性参数,且 $\alpha_i > 0, \alpha_l > 0$。故 $\alpha_i n_i$ 代表在出版众筹平台上,投资用户的数量为平台的另一边单个出版内容提供者实现的效用增加量；$\alpha_l n_l$ 代表在出版众筹平台上,出版内容提供者的数量为平台的另一边单个投资用户实现的效用增加量。

（4）无论是投资用户还是出版内容提供用户,其各自的群体内部都存在着组内网络外部性,区别在于,不同组内网络外部性所产生的影响不尽相同。

这里,我们用 β_i 代表投资用户群体内部的组内网络外部性参数,且 $\beta_i > 0$,即用户群体内部的组内网络外部性将会产生正向的影响；换句话说,出版众筹平台上投资用户数量的规模越大,单个投资用户所实现的效用就相应越大。我们用 β_l 表示出版内容提供用户群体内部的组内网络外部性参数,且 $\beta_l > 0$,不过 β_l 之前应加上负号,这是考虑到出版内容提供用户数量的规模增大,将会使得出版众筹平台上的出版内容提供用户群体内部发生激烈的竞争以争夺投资用户。出版内容提供用户规模越大,相应的竞争也就不可避免地越发激烈,最后将会使得单个出版内容投资用户所实现的效用不可避免地降低。同理,我们用 $\beta_l n_i$ 代表投资用户数量的规模为出版众筹平台上的单个投资用户所实现的效用,$\beta_i n_l$ 代表出版内容提供用户数量的规模为出版众筹平台上单个出版内容提供用户所实现的效用,同样在 $\beta_i n_l$ 之前应加上负号。

(5) 考虑到出版众筹平台采取向参与用户收取会员费的策略是不现实、不可能的,因此假设出版众筹平台只有采取向参与用户收取交易费的策略。在现实环境中,部分出版众筹平台通过采取交易免费的方式吸引用户参与出版众筹;对于这种免费的模式,我们当作出版众筹平台对参与用户收取的交易费为零。

(6) f_i 和 f_l 分别表示出版众筹平台为单个投资用户以及单个出版内容提供用户所提供相应服务而发生的固定成本,c_i 和 c_l 分别表示出版众筹平台为单个投资用户以及单个出版内容提供用户所提供交易服务而发生的可变成本。

(7) 出版众筹平台、出版内容提供者以及投资用户都是理性的经济主体,他们所表现出的决策目标都是为了自身所获得的收益或效用的最大化。

5.2.2 模型建立

通过以上对理论模型的基本假设以及对垄断性出版众筹市场结构的了解,以 Armstrong 建立的垄断市场模型为基础,考虑在出版众筹平台对参与用户收取交易费,同时对发起用户分别收取交易费、会员费以及两部收费这三种情形进行模型构建。

5.2.2.1 对出版众筹发起用户收取交易费

在前文假设的基础上,进一步假设该出版众筹平台向投资用

户收取的交易费为 t_i，向出版内容提供用户收取的交易费为 t_l，每个投资用户和每个发起用户在平台上成功众筹交易的期望交易次数分别为 μ_i 和 μ_l，则在完全垄断的出版众筹市场中，出版内容提供用户的期望效用函数为：

$$u_l = \alpha_i n_i - \beta_l n_l - t_l \mu_l \tag{5.1}$$

出版众筹发起用户的效用等于投资用户给出版内容提供用户带来的效用减去发起用户组内的网络外部性带来的效用，再减去平台对出版众筹发起用户收取的累加的交易费。由上式可以得到平台对出版众筹发起用户收取的交易费函数表达式：

$$t_l = \frac{1}{\mu_l}(\alpha_i n_i - \beta_l n_l - u_l) \tag{5.2}$$

出版众筹投资用户的期望效用函数为：

$$u_i = \alpha_l n_l + \beta_i n_i - t_i \mu_i \tag{5.3}$$

出版众筹投资用户的期望效用等于出版内容提供用户给投资用户带来的效用，加上投资用户之间的组内网络外部性带来的效用，再减去平台向投资用户收取的累加交易费用。由上式可以得到出版众筹平台对投资用户收取的交易费函数：

$$t_i = \frac{1}{\mu_i}(\alpha_l n_l + \beta_i n_i - u_i) \tag{5.4}$$

根据效用函数设定投资用户和发起用户的数量函数为：

$$\begin{aligned} n_i &= \phi_i(u_i) \\ n_l &= \phi_l(u_l) \end{aligned} \tag{5.5}$$

假定 $\phi_b(\cdot)$ 和 $\phi_s(\cdot)$ 为增函数，即出版众筹平台的出版内容提供用户数量和投资用户数量随着自身效用的增加而增大。

出版众筹平台的利润函数为：

$$\pi = n_l(t_l - c_l)\mu_l + n_i(t_i - c_i)\mu_i \qquad (5.6)$$

将(5.2)、(5.4)、(5.5)代入上式中,得到表达式如下：

$$\pi = \phi_l(u_l)\left(\frac{1}{\mu_l}(\alpha_i\phi_i(u_i) - \beta_l\phi_l(u_l) - u_l) - c_l\right)\mu_l \\ + \phi_i(u_i)\left(\frac{1}{\mu_i}(\alpha_l\phi_l(u_l) + \beta_i\phi_i(u_i) - u_i) - c_i\right)\mu_i \qquad (5.7)$$

根据利润最大化条件得到如下表达式：

$$\begin{aligned}\frac{\partial \pi}{\partial u_l} &= 0 \\ \frac{\partial \pi}{\partial u_i} &= 0\end{aligned} \qquad (5.8)$$

通过整理得到如下表达式：

$$\begin{aligned}u_l &= \alpha_i n_i + \alpha_l n_i - 2\beta_l n_l - \mu_l c_l - \frac{\phi_l(u_l)}{\phi'_l(u_l)} \\ u_i &= \alpha_l n_l + \alpha_l n_l + 2\beta_i n_i - \mu_i c_i - \frac{\phi_i(u_i)}{\phi'_i(u_i)}\end{aligned} \qquad (5.9)$$

将(5.1)、(5.3)代入上式中,得到平台对双边用户收取交易费的表达式如下：

$$\begin{aligned}t_l &= c_l + \frac{1}{\mu_l}\left(-\alpha_l n_i + \beta_l n_l + \frac{\phi_l(u_l)}{\phi'_l(u_l)}\right) \\ t_i &= c_i + \frac{1}{\mu_i}\left(-\alpha_i n_l - \beta_i n_i + \frac{\phi_i(u_i)}{\phi'_i(u_i)}\right)\end{aligned} \qquad (5.10)$$

5.2.2.2 对出版众筹发起用户收取会员费

会员费是指出版众筹发起用户在平台注册时，需要一次性向出版众筹平台支付一定的费用；在规定的使用期限内，无须再向平台支付其他费用。换句话说，就是出版众筹平台在一定时间内，向出版内容提供商收取一定费用来满足他们充分使用平台的需求。

不妨假设该出版众筹平台向出版内容提供用户收取的会员费为 p_l，向用户收取的交易费仍为 t_i，根据双边市场理论可知，出版众筹平台的发起用户的期望效用由该平台上出版内容提供用户的数量规模所决定，同时也由该平台上的参与用户的数量规模所决定。由此可以得出，在完全垄断的出版众筹市场中，出版内容提供用户的期望效用函数为：

$$u_l = \alpha_i n_i - \beta_l n_l - p_l \tag{5.11}$$

出版众筹发起用户的效用等于投资用户给发起用户带来的效用减去发起用户组内的网络外部性带来的效用，再减去平台对出版众筹发起用户的会员费。由上式可以得到出版众筹平台对出版内容提供用户收取的会员费函数为：

$$p_l = \alpha_i n_i - \beta_l n_l - u_l \tag{5.12}$$

由于对投资用户只采取一种定价方式，投资用户的期望效用函数仍为：

$$u_i = \alpha_l n_l + \beta_i n_i - t_i \mu_i \tag{5.13}$$

对投资用户收取的交易费函数仍为：

$$t_i = \frac{1}{\mu_i}(\alpha_l n_l + \beta_i n_i - u_i) \tag{5.14}$$

根据效用函数设定投资用户和发起用户的数量函数为：

$$n_i = \phi_i(u_i)$$
$$n_l = \phi_l(u_l) \tag{5.15}$$

出版众筹平台的利润函数为：

$$\pi = n_l(p_l - f_l) + n_i(t_i - c_i)\mu_i \tag{5.16}$$

将(5.2)、(5.4)、(5.5)代入上式,得到表达式如下：

$$\pi = \phi_l(u_l)(\alpha_i\phi_i(u_i) - \beta_l\phi_l(u_l) - u_l - f_l)$$
$$+ \phi_i(u_i)\left(\frac{1}{\mu_i}(\alpha_l\phi_l(u_l) + \beta_i\phi_i(u_i) - u_i) - c_i\right)\mu_i \tag{5.17}$$

根据利润最大化条件,可以得到平台对出版众筹发起用户收取的注册费以及对投资用户收取的交易费的表达式如下：

$$p_l = f_l + \beta_l n_l - \alpha_i n_i + \frac{\phi_l(u_l)}{\phi'_l(u_l)}$$
$$t_i = c_i + \frac{1}{\mu_i}\left(-\alpha_i n_l - \beta_i n_i + \frac{\phi_i(u_i)}{\phi'_i(u_i)}\right) \tag{5.18}$$

5.2.2.2 对出版众筹发起用户采取两部收费

两部收费,即出版众筹平台运营商对使用出版众筹平台的出版众筹发起者和投资用户采取"会员费+交易费"的收费方式。在完全垄断的出版众筹市场,出版众筹平台对出版内容提供用户采取两部收费,出版内容提供用户的期望效用函数为：

$$u_l = \alpha_i n_i - \beta_l n_l - t_l\mu_l - p_l \tag{5.19}$$

通过上式可以得到平台对出版众筹发起用户采取两部收费时,收取的会员费函数为：

$$p_l = \alpha_i n_i - \beta_l n_l - t_l \mu_l - u_l \tag{5.20}$$

由于对投资用户只采取一种定价方式,投资用户的期望效用函数仍为:

$$u_i = \alpha_l n_l + \beta_i n_i - t_i \mu_i \tag{5.21}$$

对投资用户收取的交易费函数仍为:

$$t_i = \frac{1}{\mu_i}(\alpha_l n_l + \beta_i n_i - u_i) \tag{5.22}$$

出版众筹平台的利润函数为:

$$\pi = n_l(p_l - f_l) + n_l(t_l - c_l)\mu_l + n_i(t_i - c_i)\mu_i \tag{5.23}$$

根据利润最大化条件,得到如下表达式:

$$\begin{aligned} p_l &= f_l + \mu_l c_l + \beta_l n_l - \alpha_i n_i - \mu_l t_l + \frac{\phi_l(u_l)}{\phi_l'(u_l)} \\ t_i &= c_i + \frac{1}{\mu_i}\left(-\alpha_l n_l - \beta_i n_i + \frac{\phi_i(u_i)}{\phi_i'(u_i)}\right) \end{aligned} \tag{5.24}$$

整理得到平台采取两部收费的函数:

$$p_l + t_l \mu_l = f_l + \mu_l c_l + \beta_l n_l - \alpha_i n_i + \frac{\phi_l(u_l)}{\phi_l'(u_l)} \tag{5.25}$$

由上式还可以得到平台对发起用户两部收费时,收取的交易费函数为:

$$t_l = c_l + \frac{f - p_l}{\mu_l} + \frac{1}{\mu_l}\left(\beta_l n_l - \alpha_i n_i + \frac{\phi_l(u_l)}{\phi_l'(u_l)}\right) \tag{5.26}$$

5.2.3 模型分析

上文建立了三种情况下的垄断性出版众筹平台的定价模型,

包括对发起用户收取交易费、收取会员费以及两部收费三种方式。以下将对这三种情况的定价模型进行比较分析。根据上文的研究,可以得到表 5-2。

表 5-2　垄断性出版众筹市场的三种定价方式比较

定价方式	出版众筹发起用户	投资用户
交易费	$t_l = c_l + \dfrac{1}{\mu_l}\left(-\alpha_l n_i + \beta_l n_l + \dfrac{\phi_l(u_l)}{\phi'_l(u_l)}\right)$	$t_i = c_i + \dfrac{1}{\mu_i}\left(-\alpha_i n_l - \beta_i n_i + \dfrac{\phi_i(u_i)}{\phi'_i(u_i)}\right)$
会员费	$p_l = f_l + \beta_l n_l - \alpha_l n_i + \dfrac{\phi_l(u_l)}{\phi'_l(u_l)}$	
两部收费	$p_l = f_l + \mu_l c_l + \beta_l n_l - \alpha_l n_i - \mu_l t_l + \dfrac{\phi_l(u_l)}{\phi'_l(u_l)}$ $t_l = c_l + \dfrac{f - p_l}{\mu_l} + \dfrac{1}{\mu_l}\left(\beta_l n_l - \alpha_l n_i + \dfrac{\phi_l(u_l)}{\phi'_l(u_l)}\right)$	

5.2.3.1　平台对出版众筹发起用户的定价分析

在垄断性出版众筹市场中,无论采取何种定价方式,出版众筹平台对发起用户的定价始终会受到双边用户的数量、交叉网络外部性以及组内网络外部性的影响。平台对发起用户的定价受到 $\alpha_l n_i$ 的负作用,即随着投资用户越多或者单个发起用户给投资用户带来的交叉网络外部性越强时,出版众筹平台对发起用户的定价就会越低。平台对发起用户的定价受到 $|\beta_l n_l|$ 的正向影响,也即平台对发起用户的定价与出版内容提供用户群体内部的组内网络外部性收益成反向关系,出版内容提供用户之间的竞争越激烈,平台对出版内容提供用户的定价就越高。

在平台对发起用户采取交易收费或两部收费时,随着交易次数 μ 越来越多,也即交易越来越活跃,出版众筹平台对发起用户的定价就会越来越低。另外,出版众筹平台对出版内容提供用户的定价与出版内容提供用户的需求价格弹性因素成正向关系。

5.2.3.2 平台对出版众筹投资用户的定价分析

出版众筹平台对投资用户的定价会受到双边用户的数量、交叉网络外部性、组内网络外部性以及交易次数等因素的影响。平台对投资用户的定价受到 $\alpha_i n_i$ 的负作用,即随着发起用户越多或者单个投资用户给发起用户带来的交叉网络外部性越强时,出版众筹平台对投资用户的定价就会越低。平台对发起用户的定价受到 $\beta_i n_i$ 的反向影响,也即平台对投资用户的定价与投资用户群体内部的组内网络外部性收益成反向关系,投资用户之间的示范效应越强,平台对投资用户的定价就越低。随着交易次数 μ 越来越多也即交易越来越活跃,出版众筹平台对投资用户的定价就会越来越低。另外,出版众筹平台对出版内容提供用户的定价与出版内容提供用户的需求价格弹性因素成正向关系。

5.2.3.3 分析结论

(1) 在垄断性出版众筹市场中,平台对双边用户的定价受到双边用户规模、交叉网络外部性以及组内网络外部性的影响。出版众筹发起用户之间的竞争越激烈,平台对发起用户的定价越高;出版众筹投资用户之间的示范性越强,平台对投资用户的定价越低。当发起用户的规模或交叉网络外部性以及组内网络外部性大到一定程度时,平台对投资用户可能采取免费或补贴政策。

(2) 在垄断性出版众筹市场中,交易次数的增加将使平台对发起用户和投资用户收取的交易费降低。换句话说，出版众筹平台运营商会通过低价来扩大众筹成功的交易数量，这是一种薄利多销的策略。

（3）在发起用户的三种收费模式中，相较于只收取会员费和只收取交易费，两部收费的模式更具有优势，因为这可以让平台根据双边用户的实际需求而动态调整收费比例，可以对不同的双边用户制定不同的价格组合，从而确保平台可以通过灵活多变的价格组合盈利。

虽然垄断性出版众筹市场在现实中并不常见，但它是其他类型的市场结构分析的逻辑起点，为下文的竞争性出版众筹市场的分析奠定了基础。

5.3 双平台竞争的定价机制

5.3.1 基本假设

本节考虑一个出版众筹市场中存在两个出版众筹平台运营商（以下简称平台1和平台2）进行竞争的情况，并采用Hotelling模型作为双平台竞争的基础模型。

这里假设这个出版众筹市场在一个单位线性区域之中，市场中的两个出版众筹平台运营商分别在这个单位线性区域的两端0和1的位置。再假设平台1处于端点0的位置，平台2处于端点1的位置。

假设市场中的出版众筹平台运营商以及平台的两边用户都是经济人，以实现自身利润最大化为目标。出版众筹发起用户与投资用户的数量规模标准化为1，并且平台的这两边用户处于[0，1]

区间之内。

假设投资用户和出版众筹发起用户均只能接入其中一个平台,即投资用户或出版众筹发起用户要么选择接入平台1,要么接入平台2,单个投资用户或出版众筹发起用户拒绝同时接入两个出版众筹平台,也即对投资用户和出版众筹发起者来说均为单归属。根据以上条件,可以得出单归属情况下双平台竞争出版众筹市场的市场结构,如图5-4所示。

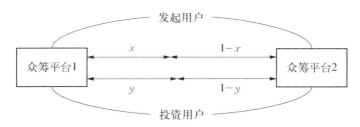

图5-4 双平台竞争的出版众筹市场结构

为构建出版众筹市场中的竞争定价模型,给出如下相关变量的定义(其中出版众筹发起用户仍为 l,投资用户仍为 i):

(1) n_i^m 表示选择出版众筹平台 m 的投资用户数量,n_l^m 表示选择出版众筹平台 i 的出版内容提供用户数量($m=1,2$)。由于出版众筹市场是完全覆盖,可以得到 $n_i^1+n_i^2=1$ 和 $n_l^1+n_l^2=1$。

(2) t_i^m 和 t_l^m 分别为出版众筹市场中存在的平台向投资用户和出版内容提供用户收取的交易费($m=1,2$);每个投资用户和每个发起用户在平台上成功众筹交易的期望交易次数分别为 μ_i 和 μ_l。

(3) 与垄断性出版众筹平台定价模型假设的参数相同,用 α_i 代表加入出版众筹平台的投资用户对出版内容提供用户的交叉网络外部性参数，α_l 代表加入出版众筹平台的内容提供用户对投资用户的交叉网络外部性参数，且 $\alpha_i > 0$，$\alpha_l > 0$。用 β_i 代表投资用户群体内部的组内网络外部性参数，且 $\beta_i > 0$；用 β_l 表示出版内容提供用户群体内部的组内网络外部性参数，且 $\beta_l > 0$。

（4）与完全垄断性市场不同，竞争性市场中，投资用户和出版内容提供用户选择某一个平台时，通常会考虑接入该平台所付出的单位成本，这里可以将其理解为投资用户和出版内容提供用户到该平台的距离所产生的里程成本。用 x、y 分别表示投资用户和出版内容提供用户与两个出版众筹平台之间的单位线性上的距离（$0 \leqslant x \leqslant 1$，$0 \leqslant y \leqslant 1$）。用 k_i、k_l 分别表示投资用户和出版内容提供用户到两个平台之间距离所产生的单位里程成本，这也可以理解为对两个平台服务差异程度的度量（$k \geqslant 0$）。当 $k_i = k_l$ 时，表示两个平台之间的服务完全同质化；随着 k_i 和 k_l 之间的距离不断增大，即两个平台服务差异化越来越大时，两个平台的同质化水平将不断下降，这也意味着两个平台之间将越来越不可互相替代。

与分析垄断性出版众筹市场时一样，这里也构建三种收费方式下的出版众筹市场双平台竞争的定价模型，包括只收取交易费、只收取会员费以及两部收费。

5.3.2 对发起用户只收取交易费

根据前文的参数假设，在出版众筹平台 1 上的单个出版内容提供用户所获得的效用函数为：

$$u_l^1 = \alpha_i n_i^1 - \beta_l n_l^1 - t_l^1 \mu_l - k_l x \qquad (5.27)$$

在出版众筹平台 2 上的单个发起用户所获得的效用函数为：

$$u_l^2 = \alpha_l n_i^2 - \beta_l n_l^2 - t_l^2 \mu_l - k_l(1-x) \quad (5.28)$$

假设在出版众筹平台 1 和平台 2 上的发起用户期望效用无差异，即 $u_l^1 = u_l^2$，可以推导出：

$$x = \frac{(\alpha_l n_i^1 - \beta_l n_l^1 - t_l^1 \mu_l) - (\alpha_l n_i^2 - \beta_l n_l^2 - t_l^2 \mu_l)}{2k_l} + \frac{1}{2} \quad (5.29)$$

由上式可得到：

$$n_l^1 = \frac{(\alpha_l n_i^1 - \beta_l n_l^1 - t_l^1 \mu_l) - (\alpha_l n_i^2 - \beta_l n_l^2 - t_l^2 \mu_l)}{2k_l} + \frac{1}{2} \quad (5.30)$$

将假设 $n_i^1 + n_i^2 = 1$，$n_l^1 + n_l^2 = 1$ 代入上式中得到：

$$n_l^1 = \frac{2\alpha_l n_i^1 - \alpha_l - \mu_l(t_l^1 - t_l^2)}{2(k_l + \beta_l)} + \frac{1}{2} \quad (5.31)$$

从(5.31)中可以看出，对于出版众筹平台 1，每增加 1 个单位投资用户，会增加 $\frac{\alpha_l}{k_l + \beta_l}$ 个单位发起用户。换句话说，出版众筹发起用户规模的增加会受到平台的交叉网络外部性、组内网络外部性以及差异化系数的影响。

在出版众筹平台 1 上的单个投资用户所获得的效用函数为：

$$u_i^1 = \alpha_i n_l^1 + \beta_i n_i^1 - t_i^1 \mu_i - k_i y \quad (5.32)$$

在出版众筹平台 2 上的单个投资用户所获得的效用函数为：

$$u_i^1 = \alpha_i n_l^1 + \beta_i n_i^1 - t_i^1 \mu_i - k_i(1-y) \quad (5.33)$$

假设在出版众筹平台 1 和平台 2 上的投资用户期望效用无差

异，即 $u_i^1 = u_i^2$，可以推导出：

$$y = \frac{(\alpha_l n_l^1 + \beta_i n_i^1 - t_i^1 \mu_i) - (\alpha_l n_l^2 + \beta_i n_i^2 - t_i^2 \mu_i)}{2k_i} + \frac{1}{2} \tag{5.34}$$

由上式可得到：

$$n_i^1 = \frac{2\alpha_l n_l^1 - \alpha_l - \mu_i(t_i^1 - t_i^2)}{2(k_i - \beta_i)} + \frac{1}{2} \tag{5.35}$$

从(5.35)中可以看出，对于出版众筹平台1，每增加1个单位发起用户，将增加 $\dfrac{\alpha_l}{k_i - \beta_i}$ 个单位投资用户。换句话说，出版众筹投资用户规模的增加会受到平台的交叉网络外部性、组内网络外部性以及差异化系数的影响。

通过解由(5.31)和(5.35)联立的方程组可以得出：

$$\begin{aligned} n_l^1 &= \frac{\mu_i \alpha_l (t_l^2 - t_l^1) + \mu_l (k_i - \beta_i)(t_l^2 - t_l^1)}{2(k_i - \beta_i)(k_l + \beta_l) - 2\alpha_i \alpha_l} + \frac{1}{2} \\ n_i^1 &= \frac{\mu_l \alpha_i (t_l^2 - t_l^1) + \mu_i (k_l + \beta_l)(t_i^2 - t_i^1)}{2(k_i - \beta_i)(k_l + \beta_l) - 2\alpha_i \alpha_l} + \frac{1}{2} \end{aligned} \tag{5.36}$$

出版众筹平台1的利润函数为：

$$\pi^1 = n_l^1 (t_l^1 - c_l^1) \mu_l + n_i^1 (t_i^1 - c_i^1) \mu_i \tag{5.37}$$

由于Hotelling稳定纳什均衡是对称均衡，根据利润最大化条件，可以得到双平台对出版众筹发起用户和投资用户的定价函数：

$$\begin{aligned} t_l &= c_l + \frac{1}{\mu_l}(k_l + \beta_l - \alpha_l) \\ t_i &= c_i + \frac{1}{\mu_i}(k_i - \beta_i - \alpha_l) \end{aligned} \tag{5.38}$$

5.3.3 对发起用户只收取会员费

在双平台竞争市场中,假设出版众筹平台只向出版内容提供用户收取会员费,p_l^1 和 p_l^2 分别为出版众筹平台 1 和平台 2 对发起用户收取的会员费,t_i^1 和 t_i^2 仍然分别为出版众筹平台 1 和平台 2 对投资用户收取的交易费。

根据前文的参数假设,在出版众筹平台 1 上的单个出版内容提供用户所获得的效用函数为:

$$u_l^1 = \alpha_i n_i^1 - \beta_l n_l^1 - p_l^1 - k_l x \tag{5.39}$$

在出版众筹平台 2 上的单个发起用户所获得的效用函数为:

$$u_l^2 = \alpha_i n_i^2 - \beta_l n_l^2 - p_l^2 - k_l(1-x) \tag{5.40}$$

假设在出版众筹平台 1 和平台 2 上的发起用户期望效用无差异,即 $u_l^1 = u_l^2$,可以推导出:

$$x = \frac{(\alpha_i n_i^1 - \beta_l n_l^1 - p_l^1) - (\alpha_i n_i^2 - \beta_l n_l^2 - p_l^2)}{2k_l} + \frac{1}{2} \tag{5.41}$$

由上式可得到:

$$n_l^1 = \frac{(\alpha_i n_i^1 - \beta_l n_l^1 - p_l^1) - (\alpha_i n_i^2 - \beta_l n_l^2 - p_l^2)}{2k_l} + \frac{1}{2} \tag{5.42}$$

将假设 $n_i^1 + n_i^2 = 1$, $n_l^1 + n_l^2 = 1$ 代入上式中得到:

$$n_l^1 = \frac{2\alpha_i n_i^1 - \alpha_i - p_l^1 - p_l^2}{2(k_l + \beta_l)} + \frac{1}{2} \tag{5.43}$$

由于平台对投资用户的定价方式仍然采取交易收费,在出版

众筹平台 1 和平台 2 上的投资用户的效用函数保持不变,仍然可以得到:

$$n_i^1 = \frac{2\alpha_l n_l^1 - \alpha_l - \mu_i(t_i^1 - t_i^2)}{2(k_i - \beta_i)} + \frac{1}{2} \tag{5.44}$$

通过解由(5.43)和(5.44)联立的方程组可以得出:

$$\begin{aligned} n_l^1 &= \frac{\mu_i \alpha_i (t_i^2 - t_i^1) + (k_i - \beta_i)(p_l^2 - p_l^1)}{2(k_i - \beta_i)(k_l + \beta_l) - 2\alpha_i \alpha_l} + \frac{1}{2} \\ n_i^1 &= \frac{\alpha_l (p_l^2 - p_l^1) + \mu_i (k_l + \beta_l)(t_i^2 - t_i^1)}{2(k_i - \beta_i)(k_l + \beta_l) - 2\alpha_i \alpha_l} + \frac{1}{2} \end{aligned} \tag{5.45}$$

出版众筹平台 1 的利润函数为:

$$\pi^1 = n_l^1 (p_l^1 - f_l^1) + n_i^1 (t_i^1 - c_i^1) \mu_i \tag{5.46}$$

由于 Hotelling 稳定纳什均衡是对称均衡,根据利润最大化条件,可以得到双平台对出版众筹发起用户和投资用户的定价函数:

$$\begin{aligned} p_l &= f_l + k_l + \beta_l - \alpha_l \\ t_i &= c_i + \frac{1}{\mu_i}(k_i - \beta_i - \alpha_l) \end{aligned} \tag{5.47}$$

5.3.4 对发起用户两部收费

在双平台竞争的出版众筹市场中,出版众筹平台对出版内容提供用户采取两部收费,对投资用户仍采取交易收费。根据前文的参数假设,在出版众筹平台 1 上的单个发起用户所获得的效用函数为:

$$u_l^1 = \alpha_i n_i^1 - \beta_l n_l^1 - t_l^1 \mu_l - p_l^1 - k_l x \tag{5.48}$$

在出版众筹平台 2 上的单个发起用户所获得的效用函数为：

$$u_l^2 = \alpha_i n_i^2 - \beta_l n_l^2 - t_l^2 \mu_l - p_l^2 - k_l(1-x) \quad (5.49)$$

由(5.48)、(5.49)可以推导出如下表达式：

$$n_l^1 = \frac{2\alpha_i n_i^1 - \alpha_i - (p_l^1 - p_l^2) - (t_l^1 - t_l^2)\mu_l}{2(k_l + \beta_l)} + \frac{1}{2} \quad (5.50)$$

由于平台对投资用户的定价方式仍然采取交易收费，在出版众筹平台 1 和平台 2 上的投资用户的效用函数保持不变，仍然可以得到：

$$n_i^1 = \frac{2\alpha_l n_l^1 - \alpha_l - \mu_i(t_i^1 - t_i^2)}{2(k_i - \beta_i)} + \frac{1}{2} \quad (5.51)$$

通过解由(5.50)和(5.51)联立的方程组可以得出：

$$n_l^1 = \frac{\mu_i \alpha_i (t_i^2 - t_i^1) + (k_i - \beta_i)(p_l^2 - p_l^1)}{2(k_i - \beta_i)(k_l + \beta_l) - 2\alpha_i \alpha_l} + \frac{1}{2}$$

$$n_i^1 = \frac{\mu_l \alpha_i (t_l^2 - t_l^1) + \mu_i(k_l + \beta_l)(t_i^2 - t_i^1) - \alpha_i (p_l^2 - p_l^1)}{2(k_i - \beta_i)(k_l + \beta_l) - 2\alpha_i \alpha_l} + \frac{1}{2}$$

$$(5.52)$$

出版众筹平台 1 的利润函数为：

$$\pi^1 = n_l^1(p_l^1 - f_l^1) + n_i^1(t_i^1 - c_i^1)\mu_i + n_l^1(t_l^1 - c_l^1)\mu_l$$

$$(5.53)$$

由于 Hotelling 稳定纳什均衡是对称均衡，根据利润最大化条件，可以得到双平台对出版众筹发起用户收取的会员费，以及对投资用户收取的交易费的定价函数为：

$$p_l = f_l + \mu_l c_l - \mu_l t_l + k_l + \beta_l - \alpha_l$$
$$t_i = c_i + \frac{1}{\mu_i}(k_i - \beta_i - \alpha_l) \quad (5.54)$$

对表达式(5.54)进行整理,可以得到出版众筹平台对发起用户两部收费的定价函数如下:

$$p_l + \mu_l t_l = f_l + \mu_l c_l + k_l + \beta_l - \alpha_l \quad (5.55)$$

进一步整理,可以得到平台对出版众筹发起用户两部收费时的交易费定价函数如下:

$$t_l = c_l + \frac{f_l + k_l + \beta_l - \alpha_l - p_l}{\mu_l} \quad (5.56)$$

5.3.5 模型分析

上文建立了竞争性出版众筹平台的定价模型,包括对发起用户收取交易费、收取会员费以及两部收费三种方式。下文将对这三种情况的定价模型进行比较分析。根据上文的研究,可以得到表 5-3。

表 5-3 竞争性出版众筹市场的三种定价方式比较

定价方式	出版众筹发起用户	投资用户
交易费	$t_l = c_l + \frac{1}{\mu_l}(k_l + \beta_l - \alpha_l)$	$t_i = c_i + \frac{1}{\mu_i}(k_i - \beta_i - \alpha_l)$
会员费	$p_l = f_l + k_l + \beta_l - \alpha_l$	
两部收费	$p_l = f_l + \mu_l c_l - \mu_l t_l + k_l + \beta_l - \alpha_l$ $t_l = c_l + \frac{f_l + k_l + \beta_l - \alpha_l - p_l}{\mu_l}$	

在竞争性出版众筹市场中,平台对发起用户和投资用户的定价除了会受到垄断性出版众筹市场中那些因素的影响之外,还会受到单位里程成本也即两个平台服务差异系数的影响,出版众筹平台的差异化程度越大,平台对发起用户和投资用户的定价就会越高。同垄断性出版众筹市场一样,平台对投资用户以及对发起用户在采取交易收费或两部收费时,随着交易次数 μ 越来越多即交易越来越活跃,出版众筹平台对投资用户和发起用户的定价就会越来越低。根据以上分析可以得出如下结论:

(1) 在竞争性出版众筹市场中,与垄断性出版众筹市场类似,平台对双边用户的定价会受到双边用户规模、交叉网络外部性以及组内网络外部性的影响。出版众筹发起用户之间的竞争越激烈,平台对发起用户的定价越高;出版众筹投资用户之间的示范性越强,平台对投资用户的定价越低。当发起用户的规模或交叉网络外部性以及组内网络外部性大到一定程度时,平台对投资用户可能采取免费或补贴政策。随着市场交易越来越活跃,平台对双边用户收取的交易费会越来越低。

(2) 在竞争性出版众筹市场中,平台对发起用户和投资用户的定价会受到单位里程成本也即两个平台服务差异系数的影响,出版众筹平台的差异化程度越大,平台对发起用户和投资用户的定价就会越高。

(3) 在竞争性出版众筹市场中,出版众筹平台对发起用户的三种定价模型虽然不同,但在一定运营周期内,这三种定价方式的总收益水平是一致的,出版众筹平台对发起用户选择哪种定价方式主要受运营的便利性以及合作稳定性的影响。

5.4 本章小结

本章首先分析了出版众筹平台双边市场的结构、特征、属性以及商业模式，进而构建了垄断性的出版众筹平台对发起用户采取只收取交易费、只收取会员费以及两部收费，同时对投资用户只收取交易费的三种定价模型，分析了影响垄断性出版众筹平台运营商定价的因素。并以垄断平台的定价模型为逻辑起点，构建了一个出版众筹市场中存在两个出版众筹平台运营商竞争的定价模型，并采用 Hotelling 模型作为双平台竞争的基础模型。主要结论如下：

（1）无论是在垄断性出版众筹市场中还是在竞争性出版众筹市场中，平台对双边用户的定价受到双边用户规模、交叉网络外部性以及组内网络外部性的影响。出版众筹发起用户之间的竞争越激烈，平台对发起用户的定价越高；出版众筹投资用户之间的示范性越强，平台对投资用户的定价越低。当发起用户的规模或交叉网络外部性以及组内网络外部性大到一定程度时，平台对投资用户可能采取免费或补贴政策。

（2）无论是在垄断性出版众筹市场中还是在竞争性出版众筹市场中，随着市场交易越来越活跃，平台对双边用户收取的交易费会越来越低。

（3）在竞争性出版众筹市场中，平台对发起用户和投资用户的定价会受到两个平台服务差异系数的影响，出版众筹平台的差异化程度越大，平台对发起用户和投资用户的定价就会越高。

第六章　出版众筹平台管控机制研究

出版众筹平台的管控机制是指平台通过一系列的机制设计来降低整个出版众筹活动的风险，为出版众筹活动创造一个良好的运作环境。其中出版内容审核机制、信任机制和平台的激励机制是平台管控的核心问题。本章关于出版内容审核机制，讨论平台对内容审核的必要性、审核的效率以及机制优化问题。关于信任机制，则通过将信任分成初始信任以及持续信任，探讨建立信任评价系统的必要性，并以目前主流的信任评价系统模型，探讨平台建立信任评价系统的方式方法；同时结合出版众筹的特点，探讨信用保险机制的建立问题。关于平台的激励机制，以赫兹伯格的双因素理论为基础，结合扎根分析法和问卷调研，分别探讨平台对出版众筹发起者和投资用户的保健因素和激励因素，并针对性地提出激励策略。

6.1　出版内容审核机制

出版产品不仅具有商品属性，也具有意识形态属性。根据我国《出版管理条例》的规定,出版物在出版前,其内容要接受审核,出版后也要接受监督和管理。

既然出版物的内容在其出版前要由相应的人来审核是否合乎出版的标准,那么这个审核的人员必须具备相应的能力、水平和素质;如果学识不够,面对海量的书稿要在短时间内做出评判,就很有可能宥于识见或者个人好恶,导致一些极好的智慧结晶被扼杀。正如约翰·弥尔顿在《论出版自由》[①]中指出的那样:"我们只要看一看许可制检查员所应具有的品质就明白了。无可否认,作为审判者、操书籍的生杀大权的人,就能够决定书籍应不应当进入这个世界;他们的勤恳、学识和公正都必须在一般人之上。否则在审核一本书可不可以通过的时候,就将发生极大的错误,为害不浅。"

在我国的传统出版实践中,出版物出版之前,由出版社对出版内容进行审核,并提交主管部门备案。而在出版众筹实践中,众筹平台的内容审核团队首先负责对发起众筹的出版项目进行审核,包括选题和出版内容的审核。如果审核通过,该出版众筹项目可以在平台上发起众筹;如果审核不通过,平台审核团队需要把不通过的原因反馈给项目发起人,项目发起人可以在平台上进行申诉,或按照反馈意见进行修改,直到通过平台审核。在我国,任何非出版单位包括出版众筹平台,均不具备出版许可资质,因此即使通过平台审核并且众筹成功的出版项目,仍然需要通过出版社的审查,才能最终正式出版。

出版众筹项目在完成出版之后,仍然要接受社会的检验和舆情的监督。如果出版后一段时间,引起公众争议或带来消极影响,

---

① 约翰·弥尔顿.论出版自由[M].北京:商务印书馆,2001:30.

会被强制禁止发行。比如2015年冯唐翻译的《飞鸟集》出版后,引起国内文学界和译界的极大争议,最终出版社不得不在全国各大书店及网络平台下架召回该书。

在国外,无论是传统出版还是新兴的众筹出版也都有内容把关机制。在传统出版中,这个把关的角色通常由编辑来承担,由他们来决定哪些可以被立项出版,哪些不可以。英国垂直类专业出版众筹平台Unbound吸取了传统出版内容把关人的这一精髓,像传统出版机构一样,对众筹出版内容主要从商业和质量上进行把关和筛选;正是这种把关人的做法,让Unbound的出版项目保持着较高的融资成功率[1]。与国内众筹平台不同的是,Unbound等国外出版众筹平台的内容把关,是由专家和编辑组成的专业团队对项目进行审查,通过审查的项目可以进行众筹,众筹成功后可以直接出版;而目前我国出版众筹平台的内容把关人只能决定该出版项目是否可以众筹,而对众筹成功后最终能否出版却没有决定权。尽管我国出版众筹平台的内容审核机制可以提高出版项目的众筹成功率,同时也降低了众筹成功后不能出版的风险,但是由于平台没有最终出版决定权,众筹成功的项目仍然存在不能出版的可能性,这无疑给投资用户和出版众筹平台带来了一定风险。出版众筹属于回报类众筹项目。回报类众筹项目的投资用户参与了项目后,通常希望能在最短的时间内获得回报;然而,由于存在二次审核的过程,这降低了整个出版众筹项目的效率。

我国的出版体系不同于资本主义出版体系。根据《出版管理

---

[1] Adrian Hon. Unbound: The Crowdfunding Cargo Cult[N]. The Telegraph, 2011-07-27.

条例》,在我国,出版物应当由具有资质的出版单位出版,出版众筹平台不具有出版与发行的资质,因此国内出版众筹平台需要通过与出版单位进行全面深度的合作来提高众筹出版的效率,降低风险,为出版内容提供者和投资用户提供更专业和优质的服务。国内外众筹出版的审查流程以及国内改进后的审查流程分别如图 6-1、6-2 和 6-3 所示。

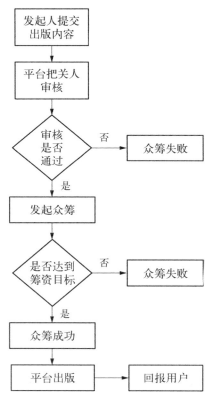

图 6-1 Unbound 等国外出版众筹平台审查流程图

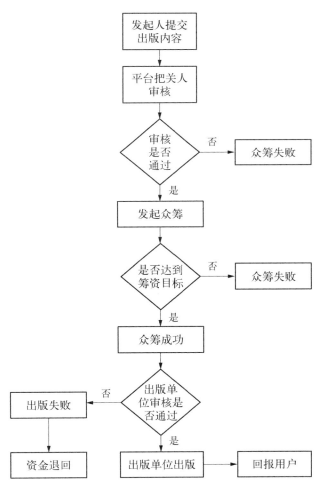

图 6-2 国内出版众筹平台审查流程图

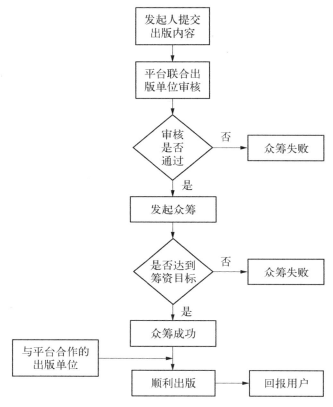

图 6-3 改进后的国内出版众筹平台审查流程图

6.2 信任评价机制

信任是交易的基础,没有信任,交易就不可能成功。出版众筹属于陌生人之间的交易,出版众筹发起者与投资用户之间存在信息不对称,根据第三章的分析,信任是影响投资用户参与出版众筹的重要因素之一,要使双方达成交易,就必须建立弱关系间的强信任。根据 Grandison & Sloman(2000)[1]的研究,信任是建立在各种因素和证据基础之上的个人主观认识,并且这些因素的权重各不相同。比如电子商务交易的信任主要是以客观的交易信息为依据,包括交易次数、商家声誉、服务水平等。Okuno-Fujiwara & Postlewaite (1995)[2]的研究表明,在平台用户较少的情况下,口碑传播可以保证信用机制发挥作用;如果平台用户较多,信息收集和传递的成本变得非常高,这时候必须借助第三方中介来发挥作用。在出版众筹交易中,出版众筹平台可以起到第三方信息中介作用。投资用户在决定投资之前,可以获得出版内容提供者的信用信息,只要信息传递是通畅的,出版众筹平台建立的信用机制就能发挥作用。

出版众筹中的信任可以被定义为在互联网的弱关系环境下,投资用户对出版众筹发起用户能够没有顾虑地进行资金支持的信任程度。信任的程度也就是信任值和等级,会随着相同的投资用户和众筹发起者之间交易次数的增加而发生变化。信任产生的影响因素和关系模型如图 6-4 所示。

在图 6-4 所示的出版众筹信任模型中,投资用户对出版众筹发起者的信任有两种取值:初始信任和持续信任。用户的初始信任是指初次进行投资交易时给出版众筹发起者的信任值。投资用户可以根据出版众筹项目的内空及发起者的信誉、朋友的推荐、出版众筹平台的质量以及自己对出版众筹的态度计算出初始信任的具体值。出版众筹项目及发起者的信誉可以通过出版众筹平台来

---

[1] Grandison T., Sloman, M. A Survey of Trust in Internet Applications[J]. IEEE Communications and Survey, 2000, 3(4): 2-16.

[2] Okuno-Fujiwara M, Postlewaite A. Social Norms and Random Matching Games. Games & Economic Behavior, 1995, 9(1): 79-109.

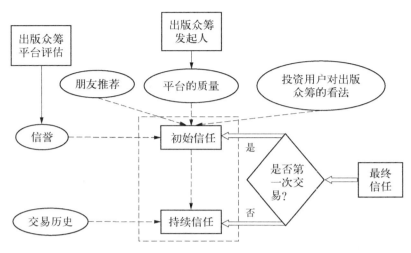

图 6-4 出版众筹的信任模型体系结构

评估和建立。持续信任由初始信任和对出版众筹交易历史的评估值两部分组成。

6.2.1 信任评价模型

信任评价系统是解决电子商务交易中信任缺乏问题行之有效的手段之一。出版众筹作为电子商务的一种类型,尽管国内目前的主流众筹平台包括众筹网等的用户数量和众筹交易量已经达到一定规模,但是并没有建立起完整的信用评价系统,毫无疑问,这是目前出版众筹的一个短板。信用评价系统作为产生和传播信用的一种工具,主要包括两部分内容:一是定量的信用值和信用等级,二是定性的在线评论内容[①]。所谓定性的在线评论是指每完

---

① 陈传红.在线信誉系统的应用现状及问题应对[J].情报杂志,2012(8):171-176.

成一笔交易后,用户就交易的各个方面包括产品质量、服务、价格、送货时效性等进行文字性描述和评论。所谓定量的信用值是按照一定计算模型,根据以往每次交易的信用反馈积分得到的。信用等级是将信用综合分值所处的分值段用不同的标识来表示,用以反映用户的信用信息。出版众筹发起者的信用被量化为信用值和信用等级,这样可以为潜在的出版众筹投资用户提供是否对出版众筹项目进行投资的决策参考。定量的信用值和定性的在线评论作为出版众筹项目质量的重要标识,可以用来反映出版众筹发起者属于诚实发起人的可能性,具有不可复制性[1]。根据第三章的研究结论,对低直接经验的投资用户来说,在线评论会对他们是否参与出版众筹项目产生重要影响。换句话说,高的信用等级和积极的在线评论在建立投资用户初始信任方面具有相对优势[2]。

目前,在电子商务平台中,主要有两类信任评价系统:一类是二元评价系统,另一类是五星评价系统。二元评价系统使用二进制数来对出版众筹发起者或项目内容进行评价,包括了肯定、中立和否定的评价。二元系统的信誉评价基于实际的众筹交易历史,可以用如下计算公式表示:

$$T(i) = U_p - U_n \tag{6.1}$$

上式中,$T(i)$ 为出版众筹发起者 i 的信誉,U_p 为出版众筹发起者收到的好评(值为 1)的数量,U_n 表示出版众筹发起者收到的差评(值为 -1)的数量。$T(i)$ 可作为出版众筹平台中出版众筹发

---

[1] 陈传红. 在线信誉系统的应用现状及问题应对[J]. 情报杂志,2012(8):171-176.

[2] De Ruyter K., Wetzels M., Kleijnen M. Customer Adoption of E-service: An Experimental Study[J]. International Journal of Service Industry Management, 2001, 12(2):184-207.

起者的信任评级。

五星级评价系统采用从 1 颗星到 5 颗星的定量等级来评价出版众筹发起者或其项目。5 颗星代表投资用户对众筹发起者的回报最满意,1 颗星代表最不满意。在五星评价系统中,投资用户通常需要在众筹完成后对他们所取得的回报以及众筹发起者给出具体的评价。出版众筹发起者或产品回报的总体评级的计算公式如下:

$$T(i) = \frac{\sum_{j=n}^{N} S_j}{N} \quad (6.2)$$

上式中,$T(i)$ 表示出版众筹发起者 i 的信誉,N 表示出版众筹发起者被评价的次数,S_j 表示第 j 次评价用户给定的星的数量。这种信任评价系统在互联网平台中被广泛运用。

除了上述两类信任评价系统之外,很多学者结合云计算、贝叶斯网络、模糊逻辑等理论提出了准确性更高的信任模型。这些模型的计算相对复杂,但可以在一定程度上抵抗信誉欺诈、信誉诋毁等行为的影响。比如 Josang & Ismail(2002)[1]提出的 Beta 信誉模型,采用 Beta 概率密度函数的参数元组 (α, β) 表示信誉,其中 α 和 β 分别表示好评和差评的数量,其具体计算公式为:

$$T(i) = \frac{\alpha - \beta}{\alpha + \beta + 2} \quad (6.3)$$

为提高信誉计算的准确度和预防信任欺诈,Josang & Ismail 还给 α 和 β 增加了时间衰退系数和基于被评价方信誉的权重

---

[1] Josang A, Ismail R. The beta reputation system[C]//Proceedings of the 15th Bled Conference on Electronic Commerce. Bled Slovenia,2002:891-900.

系数。

从另一种角度看,出版众筹平台也可以被看作是社交网络平台,具有社交网络属性。社交是网络中信任的计算方法可以大致分为基于网络的信任模型、基于交互的信任模型以及混合信任模型。基于网络的信任模型主要是依据网络的结构特征,比如根据网络的密度、凝聚新、节点的出度和入度来计算每个用户的可信度,同时根据网络中节点之间的路径来研究用户的关系以及信任流。比如Hang & Singh(2014)[1]运用图的相似性计算信任度,并提出一个基于信任的推荐方法。基于交互的信任模型是根据对用户间的回复、评论等行为的统计分析来计算每个用户的可信度,比如Adali等(2010)[2]提出,可根据用户间的交互来测量社交网络中的行为信任度。由于以上两种信任模型的源信息均不全面,所以有学者提出混合的信任模型,即综合交互信息和社交网络结构来计算信任度,比如Trifunvoic(2010)[3]使用该方法来计算社交网络的信任度。

6.2.2 信用保险机制

信用是一个多维度的概念。作为第三方机构,出版众筹平台可以作为信用评估方,根据出版众筹项目的内容、可行性以及发起

---

[1] Hang W C, Singh, M. P. Trust based recommendation based on graph similarities[EB/OL]. [2014.3.6] http://www.csc.ncsu.edu/faculty/mpsingh/papers/mas/aapas-trust-10-graph.pdf.

[2] Adali S., Escriva R., Goldberg M. K., et al. Measuring behavioral trust in social networks[C]//Proceedings of the IEEE international Conference on Intelligence and Security Informatics. Vancourver: IEEE, 2010: 150 – 152.

[3] Trifunvoic S, Legndre F, Anastasiades C. Social trust in opportunistic networks [C]//Proceedings of the INFOCOM IEEE Conference on Computer Communications Workshops, IEEE. San Diego: IEEE, 2010: 1 – 6.

者的经历、信用记录等对出版众筹项目以及发起者做出信用评价。从图6-4可以看出,投资用户对出版众筹项目的初始信任不仅来源于对出版众筹发起者和项目的看法或朋友的推荐等,也来源于出版众筹平台对出版众筹项目或发起者的信用评估。信用评估的结果不仅可以为投资用户建立初始信任,而且平台可以根据对出版众筹项目的信用评估等级,引入信用保证类保险产品等保险机制,为投资用户提供风险保障。比如可以通过保险公司设计出版众筹平台融资信用保险产品,由平台运营方购买,以防止出版众筹发起方失信造成的损失;比如还可以通过保险公司设计出版众筹融资保证保险产品,由投资用户购买或平台补贴,如果出版项目发起者在承诺日期之内未能交付相关产品,或者被证明是骗局,保险公司将对投资用户进行赔偿。信用保险机制的推出,在一定程度上会提高出版众筹平台的信任度,也会提高投资用户对项目发起者本身的认可度①。出版众筹信用保险模型如图6-5所示。从出

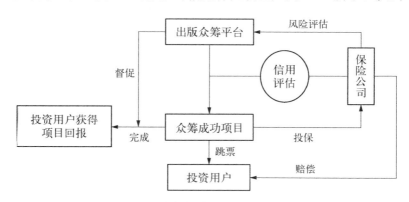

图6-5 出版众筹信用保险模型结构

---

① 栾红,吕鹏.保险机制优化众筹平台融资的对策研究[J].理论学刊,2015(12):60-66.

版众筹的实践来看,国内外的众筹网站已经开始逐步实行保险制度。比如国内的淘宝众筹、京东众筹于 2015 年开始推行保险制度,一旦项目延期超过 30 天或项目方直接"跳票"(不能按时交付的项目),将由保险公司按照交易额的一定比例对投资用户先行赔付。

6.3 激励机制

根据第三章的分析,出版内容提供者发起众筹的主要动机是筹集出版资金以及对出版项目进行宣传。投资用户参与出版众筹的主要动机是获得投资的预期收益,包括出版产品回报以及作品的参与感、乐趣等。根据第五章的理论,出版众筹是一个典型的双边市场,出版众筹平台发挥着匹配双边市场,促进出版众筹项目成功融资、投资用户成功投资出版项目并顺利获得投资回报的作用。出版众筹平台对出版内容提供者和投资用户进行激励约束的目的是增强双方的满意度,进而提高双方交易的成功率。从激励的角度来看,出版众筹平台对出版众筹发起者和投资用户的激励可以分为直接激励和间接激励;从激励的内容来看,出版众筹平台对双方的激励可以分为物质激励和精神激励。出版众筹平台作为理性的经济人,追求自身收益的最大化是其经济目标。从理论上讲,出版众筹平台需要通过向双边用户收取一定的费用才能持续运作,但是平台为了提高双方的交易意愿,从理性的角度很可能采取免费模式以激励双方进行交易。根据第五章的结论,当网络外部性足够大时,出版众筹平台确实更倾向于对潜在投资用户采取免费或补贴政策。从实践来看,国内外的出版众筹平台对投资用户采取免费政策,平台的收益主要来源于交易佣金,也就是收取众筹项目融资成功金额的一定比例。从激励的角度来看,平台可以通过会员制等方式,降低出版众筹成功次数较多的发起者的交易佣金,从而提高他们的众筹发起意愿。这也符合第五章的部分结论:在某种情况下,出版内容提供者和投资用户在出版众筹平台上实现众筹成功的交易次数的增加,将会降低平台所收取的交易佣金。出版众筹平台对众筹发起者和投资用户的激励不仅限于对投资用户的免费、补贴或降低交易佣金这类直接的物质激励,还存在间接激励和非物质激励,下文将引入赫兹伯格的双因素理论来探讨出版众筹平台对双边用户的激励。

6.3.1 双因素理论

双因素理论又称赫兹伯格激励理论,它是马斯洛需求层次理论的扩展。马斯洛认为,人的需求主要可以分为五个层次:生理需求、安全需求、归属感需求、受尊重需求以及自我实现的需求。这五种需求自下而上呈金字塔状结构。赫兹伯格通过大量的案例调查发现,影响组织中员工满意度的因素可以分为保健因素和激励因素两类[1]。保健因素如果得到改善,能消除员工的不满,不过不能激发其工作的积极性和工作效率。而激励因素如果得到改善,则能激励员工工作的积极性,从而提高其工作效率。赫兹伯格认为,满意的反面不是不满意,而是没有满意。同样,不满意的反面不是满意,而是没有不满意[2]。他对影响员工满意度的相关保健因素和激励因素进行了列举,其中保健因素包括:满意的工作

---

[1] Herzberg, F. Work and the nature of man[M]. New York: World Publishing, 1966.

[2] Herzberg F. One More Time: How Do You Motivate Employees? [J]. Harvard Business Review, 1968: 53-62.

环境、足够的薪资、工作的安全性以及良好的人际关系；激励因素包括成就感、认同感、责任感、成长机会以及升迁机会。双因素理论是激励理论中的经典理论之一，被应用在不同的学科领域，包括互联网和社会化内容生产领域。

6.3.2 双因素理论应用的可行性

已有不少学者将双因素理论应用于客户忠诚度、网站设计与评价、网站满意度、网络团购、移动服务采纳等不同主题的研究中。Zhang & Gisela(2000)[1]将双因素理论应用到网站设计与评价中，其中，保健因素是指能使网站具有功能性和服务性的因素，这类因素提供了网站的基本架构和所包含内容，它们的缺失会造成用户满意度的下降；而激励因素主要指提高用户体验和满意度的相关因素，这类因素能通过满足用户审美、认知和情感上的偏好，提高用户满意度，从而提高网站对用户的吸引力，增加网站价值。第一阶段的研究通过对 76 个用户进行调研，确定了 12 个种类的共 44 个核心因素。第二阶段的研究邀请了 79 个用户针对 CNN.com 网站，对这 44 个因素进行双因素判断。结果显示，双因素模型为网站-用户交互界面设计提供了很好的研究思路和框架。Chen(2011)等[2]将双因素理论应用于中国电信服务的客户满意度与忠诚度研究，以分辨和检验客户满意度和忠诚度的影响因素，结果证实了双因素理论对电信企业服务策略制订的指导意义。作者首先

---

[1] Zhang, P. and Gisela, D. Satisfiers and Dissatisfiers: a Two-factor Model for Website Design and Evaluation[J]. Journal of the American Society for Information Science, 2000, 51(14): 1253-1268.

[2] Chen A, Zhang H, Cai W, et al. The causes of customer satisfaction in telecommunication service: an empirical study[C]//Advanced Information Management and Service (ICIPM). 2011 7th International Conference on. IEEE, 2011: 129-132.

对 228 位电信服务用户进行了非结构化访谈,通过开放式调研提炼出 11 个主要影响因素;在此基础上构建了实证模型,并通过一个大型问卷调查,采用结构方程模型对相关假设进行检验。结果显示,这 11 个因素可根据双因素理论分为 5 个保健因素和 6 个激励因素,其中,影响客户满意度的保健因素主要指那些基本的、未经过处理的因素,这类因素存在缺陷时,会引起客户的反感情绪;激励因素则是基本功能性因素得到满足之后能激发客户热情的相关因素。Yang(2013)等[1]将双因素理论应用于网络团购领域,搭建了团购网站顾客满意度指数的理论模型;并通过因子分析,发现影响顾客满意度的 9 个因素,可根据双因素理论分为保健因素(如商品信息、售后服务、公司形象等)和激励因素(如网站设计、个性服务、服务质量等)两类。保健因素与顾客满意度正相关,缺乏这类因素会直接降低顾客满意度;激励因素的改善可提高顾客满意度,但缺失这类因素也不会降低顾客满意度。Cheung & Lee(2004)[2]将双因素理论应用于互联网门户网站的满意度调研,其研究从信息质量和系统质量的角度出发,研究结果表明,针对门户网站,保健因素和激励因素之间存在不对称性,用户对保健因素和激励因素的态度并不是对等的,保健因素比激励因素的影响力更强。Lee 等(2009)[3]将双因素理论应用于影响用户接受和退出移

---

[1] Yang L M, Li D C H, Yang X Z. A survey study of factors influencing the customer satisfaction of group buying sites[J]. Applied Mechanics and Materials,2013 (373):2241-2246.

[2] Cheung C M K, Lee M K O. The Asymmetric Effect of Web Site Attribute Performance on Web Satisfaction: An Empirical Study[J]. E-Service Journal,2004 (3):65-86.

[3] Lee S, Shin B, Lee H G. Understanding Post-Adoption Usage of Mobile Data Services: The role of Supplier-sider Variables [J]. Journal of Association for Information Systems,2009,10(2):860-888.

动数据服务的因素研究中,并将诸因素归纳为信息质量和系统质量两大类。其中,信息质量被认为是激励因素,系统质量被认为是保健因素。通过验证性因子分析,在一定程度上验证了在移动数据服务中,信息质量作为激励因素和系统质量作为保健因素的合理性。赵宇翔(2012)[①]将双因素理论应用到社会化媒体用户生产内容的激励研究中,分析了普通用户、活跃用户和核心用户的激励因素和保健因素,并有针对性地提出了激励策略。常亚平等(2014)[②]以 C2C 环境为研究背景,将双因素理论应用到 C2C 服务质量对不同阶段信任的研究中,研究认为影响初始信任的大部分因素是服务过程质量,在消费者与 C2C 网站接触的初期对消费者的满意度产生作用,这些因素由于 C2C 平台容易调整、竞争者容易模仿,不是 C2C 企业的核心竞争力,因而可称为保健因素。影响持续信任的大部分因素是服务结果质量和服务补偿质量,这在消费者与 C2C 网站接触的后期对消费者产生作用,这些因素是 C2C 平台的核心竞争力,可被称为激励因素。保健因素是吸引消费者首次购买的基础,激励因素是促使消费者忠诚和重复购买的主要因素。

由此可见,双因素理论可以很好地解释不同影响因素的影响程度和影响方向。Spool(1999)等[③]通过对网站用户的研究也发现,"用户喜欢最多(Users Like Most)"和"用户不喜欢最少(Users Dislike Least)"往往不是相同的对象。当用户说他们不喜

---

① 赵宇翔. 社会化媒体中用户生产内容的动因与激励设计研究[D]. 南京大学,2011.
② 常亚平,肖万福,阎俊,邱媛媛,符捷. C2C 环境下服务质量对阶段信任的影响研究[J]. 管理学报,2014(8): 1215-1223.
③ Spool J. M., Scanlon T., Schroeder W., & Snyder C. Web site usability: A designer's guide[M]. San Francisco: Morgan Kaufmann. 1999.

欢某个网站时，理由通常与使用网站时的用户控制、学习、信息搜索的难易程度相关；用户喜欢某个网站的理由通常与信息、服务质量以及网站使用体验相关。虽然 Spool 等并没有深入分析这一现象，但笔者认为这一现象可通过双因素理论得到很好的解释，即"喜欢"与"不喜欢"、"满意"与"不满意"并不是同一件事物的两个相反的维度，而是两件完全不同的事物。"喜欢"或"满意"与激励因素有关，"不喜欢"或"不满意"则与保健因素挂钩。因此，在 Spool(1999)等的研究中，"喜欢"暗示了该因素起到激励作用，"最多喜欢"表明该激励因素得到了充分的满足；而"不喜欢"则暗示该因素起到保健作用，"最少不喜欢"则表明该保健因素得到了较好的实现与满足。从出版众筹平台发展的长远角度看，仅有保健因素是无法维持或提高用户持续发起或参与出版众筹的热情的，因此必须对激励因素也给予充分的考量，即须关注比保健因素更高级的信息质量、服务质量、用户体验相关因素，如是否支持出版服务及衍生服务、能否提高用户参与出版众筹的成就感等。若平台具备这些因素，用户满意度和忠诚度都将得到提升，从而为平台增加额外的价值。

6.3.3 基于扎根理论的激励因素挖掘

本节采用开放式访谈（Open-ended Interview）来获取用户在出版众筹活动中的激励因素。访谈的主要问题包括调查对象的基本人口统计学因素（包括性别、年龄、教育程度、网站使用情况等）、对出版众筹平台的总体印象和评价、发起或参与出版众筹的原因等。主要通过线下和线上（微信、QQ 等）邀请用户参加访谈，这些也是人机交互领域常用的用户调研方法，且已被证实具有一定的可靠性和有效性。本研究采用方便抽样和随机抽样相结合的方法选择访谈对象，从众筹网、京东众筹、淘宝众筹等出版众筹平台中选择活跃用户进行沟通，征得同意后开始正式访谈。共有43位用户参与了访谈，除去访谈效果不佳的5位，最终获得38份有效的访谈记录，分别用R1—R38进行编码。

采用扎根分析对所获得的访谈记录进行逐级编码，从中归纳理论性概念并将其逐步范畴化、规范化。首先通过甲和乙两位编码者对编码为R1—R19的19份访谈记录分别进行独立的阅读分析，从每份记录中抽取出他们认为与激励因素相关的内容进行编码，并用简单的词汇描述用户发起和参与出版众筹行为的诱因。编码者可参考相关文献来提炼相关的激励因素，从而使激励因素的编码与解码工作更标准化、规范化、范畴化。

对于原始的访谈资料，首先采用开放式编码（Opening Coding），将相关语句拆成若干最基本的因素，即原子因素。例如，对于"我觉得支持出版众筹挺容易的，一点都不麻烦，帮助别人的作品出版很有参与感和成就感"这句话，可以拆分出"容易""不麻烦""参与感""成就感"这4个原子因素。最终，编码者甲和乙分别发掘出82个和69个激励相关的原子因素。

由于扎根分析的一级编码(即开放式编码)过程具有较强的随机性，因此编码结果会有较多冗余：很多时候，研究者会对几种不同表达形式的原子因素进行编码，但事实上这些因素对应的是同一种激励诱因。例如，甲将"参与别人的作品很有参与感和成就感""我想帮助我感兴趣的作品的众筹出版，这让我感到非常愉快"这两句论述分别编码为"参与感""成就感""非常愉快"这3个原子因素，但这3个因素有较多重叠部分。因此，有必要通过二级编码，即主轴式编码（axial coding），对挖掘出来的原子因素进行归纳，使归纳出的新因素之间差异尽可能大，同时该因素所包含的原子因素之间差异尽可能小。例如,"参与感""成就感"和"非常愉快"可合并为"参与感"这一综合因素。最终,从 R1—R19 这 19 份访谈记录中,甲与乙分别归纳出 15 个和 12 个综合性的激励因素大类,如表 6-1 和表 6-2 所示。

表 6-1 甲归纳出的 15 个激励因素及典型描述

激励因素	典 型 描 述
易用性	我觉得支持出版众筹挺容易的,一点都不麻烦
外部奖励	出版众筹回报的产品很吸引我,这是我参与的动力
交互性	我觉得出版众筹网站应该建立社区,方便用户之间进行交流
内容质量	我对一个出版众筹项目感兴趣,但考虑到内容的质量不够好,所以我没支持它
界面设计	这个出版众筹网站的页面蛮清爽的,布局也不错
信任度	我会支持那些具有良好信用标识的出版众筹项目
审核效率	这个出版众筹网站的审核速度非常快
安全性	在这个网站上筹集到的出版众筹资金,我很放心
宣传方式	这个网站对出版众筹项目的宣传方式新颖,效果不错
品牌塑造	这个网站很注重对出版众筹项目及作者的形象塑造和维护
项目推荐	这个网站应用了大数据技术,对用户进行个性化推荐出版众筹项目
出版服务	这个网站不但提供项目的众筹服务,还与出版社合作,提供出版及衍生服务,这对我发起出版众筹有非常大的吸引力
衍生服务	这个网站提供出版作品的衍生产品开发等服务

(续表)

激励因素	典型描述
归属感	出版众筹网站帮助我实现了出版作品的梦想,让我很有归属感
成就感	我的作品众筹成功,顺利出版,我感到非常自豪

表6-2 乙归纳出的12个激励因素及典型陈述

激励因素	典型描述
外部奖励	自己的作品多次众筹成功就能积累积分,用积分可以兑换奖金和奖品,真是太棒了
互动与反馈	项目受到了别人的赞同,自己会很开心,我发给别人的私信收到回复时,也会很开心
易用性	出版众筹项目的发起很简单,我这个从没发起过的人都不觉得难
安全性	在这个网站上对出版众筹项目进行投资支付非常可靠,我一点也不担心
界面设计	这个出版众筹网站的页面蛮清爽的,布局也不错
内容质量	有些出版众筹项目的内容质量很高,很吸引我
出版服务	这个网站与出版社合作,提供出版及衍生服务,这对我发起出版众筹有非常大的吸引力
出版效率	这个网站与出版社合作,提供出版服务,出版的效率很高
配套服务	这个网站提供物流等配套服务,出版产品可以通过平台邮寄给投资用户
归属感	出版众筹网站帮助我实现了出版作品的梦想,让我很有归属感

(续表)

激励因素	典 型 描 述
参与感	能够参与出版众筹,支持自己喜欢的作品,很有参与感
成就感	能够通过众筹的方式,参与自己喜欢的作品的创作,非常有成就感

编码者甲和乙提炼出来的激励因素中,有11个相同,表明内部一致性信度较为理想。对于剩下的差异,由丙加入,三人一起讨论定夺。例如,将"交互性"与"用户互动与反馈"整合为"交互性",将"衍生服务"与"配套服务"整合为"衍生配套服务"等。最终,共提炼出17个综合性激励因素。然后,基于这17个激励因素,对余下的19份访谈(R20—R38)进行内容分析(即请两位独立的研究者在这19个因素的基础上,分别对访谈资料进行分析编码),结果显示编码者之间的内部信度达到92%,非常理想,如表6-3所示。

表6-3 出版众筹激励因素

名 称	描 述
易用性	平台注册、投资用户对资金的支持选择丰富多样,投资支付操作简便快捷;出版内容发起、上传、文字视频介绍上传快捷方便等
交互性	众筹任务进度清晰,投资用户的评论、留言通畅,兴趣圈建设或参与容易,可在线处理争议
安全性	投资支付安全、筹集资金的安全以及发起的出版内容知识产权的安全
界面设计	平台界面布局合理清晰,信息标识准确易懂,信息导航清晰,界面颜色舒适

(续表)

名称	描述
内容质量	平台对众筹发起的出版内容进行质量上的把关
信任度	平台对出版众筹发起者具有良好的信任标识和识别度
审核效率	平台对出版内容审查结果的反馈速度
宣传方式	平台对出版众筹项目位置的设置以及宣传的时间和手段等
品牌塑造	平台对出版众筹项目及发起者形象与品牌的塑造和维护
项目推荐	平台针对不同投资用户群体进行针对性的推荐
出版服务	平台帮助众筹成功的项目出版及发行
出版效率	众筹成功后,顺利出版与发行的速度
衍生配套服务	平台帮助开发出版衍生产品,并提供物流配送等配套服务
归属感	平台帮助众筹发起者实现了出版作品的梦想,作者对平台会产生一种依赖感
参与感	用户支持自己喜欢的作品感受到参与的愉悦
成就感	投资用户参与作品创作的成就感
外部奖励	平台对用户的各种形式的物质奖励

6.3.4 出版众筹的双因素调研

在以扎根理论挖掘的激励因素基础上,采用问卷调研法,来获得双边用户对出版众筹平台的激励和保健因素的判断与态度;针对出版众筹发起用户和投资用户两个用户群体展开调研。

问卷主要由四部分组成:背景介绍、双因素理论介绍、双因素调研和用户基本信息(包括性别、年龄、教育程度、出版众筹平台使用情况等);将表6-3归纳的17个激励因素作为调查问卷的主干部分。与传统基于心理计量学的问卷不同,本研究问卷的测度项并不是5级或7级李克特量表(即测量用户对测度项的认可程度,如从"同意"到"不同意")或语义区分量表(即让调查对象在一组反义词中选择合适的位置,如从"复杂"到"简单"),而是用－1、0、1三个数值分别表示保健因素、不确定因素和激励因素,同时也提醒调查对象尽可能地根据自己的经历,从"－1"和"1"中进行选择。在问卷中,不仅给出了双因素理论的观点阐述和具体实例,还提供了另一种询问方式,避免调查对象的理解偏差,即"您认为下面哪些因素是您在出版众筹过程中必不可少的,如果无法满足的话,您可能会停止出版众筹行为。这类因素请选择'－1'。""您认为下面哪些因素可提高您发起或参与出版众筹的热情和积极性,但如果暂时还无法满足,也不会对您的出版众筹行为造成多大影响。这类因素请选择'1'。""如果您无法对该因素做出准确判断,请选择'0'。"

问卷采用方便抽样、随机抽样和分层抽样相结合的方法来收集数据,通过众筹网、京东众筹以及淘宝众筹等平台,分别向出版众筹发起者和投资者这两类用户发放调研邀请。每份调研邀请都包含了本次调研的大致介绍,以及问卷的链接地址。在剔除无效问卷(未填写完整、"0"选项过多、所用时间过短)后,最终出版众筹发起用户的有效问卷为110份,投资用户的有效问卷为160份。

基于因素得分和频率,分别对两类不同用户的激励因素和保健因素进行判断。例如,110个出版众筹发起用户中,有90个认为因素A为激励因素,20个认为因素A是保健因素,因此因素A得分为70(即90－20),其频率为63.6%(即70/110),即63.6%的外围贡献者认为 A 为激励因素。为保证结论的稳定性,将频率的阈值设为 20%,结果如表 6-4、6-5 所示。

表 6-4 平台对出版众筹发起用户激励的双因素分类

双因素分类	变量	解释说明
保健因素	界面设计	平台界面布局合理清晰,信息标识准确易懂,信息导航清晰,界面颜色舒适
	易用性	平台注册、出版内容发起与上传、文字视频介绍上传快捷方便;众筹目标任务、时间控制、资金支持选项等功能齐全且使用方便
	交互性	众筹任务进度及时告知,投资用户的评论、留言可视,社区与兴趣小组建设方便等
	安全性	筹集资金的安全,以及发起的出版内容知识产权的安全
	审核效率	平台对出版内容审查结果的反馈速度
	宣传方式	平台对出版众筹项目位置的设置以及宣传的时间和手段等
	品牌塑造	平台对出版众筹项目及发起者形象与品牌的塑造和维护
激励因素	出版服务	平台帮助众筹成功的项目出版及发行
	衍生配套服务	平台帮助开发出版衍生产品,并提供物流配送等配套服务
	外部奖励	交易佣金的减少和其他物质奖励
	归属感	平台帮助众筹发起者实现了出版作品的梦想,作者对平台会产生一种依赖感

表 6-5　平台对投资用户激励的双因素分类

双因素分类	变量	解释说明
保健因素	界面设计	平台界面布局合理清晰,信息标识准确易懂,信息导航清晰、界面颜色舒适
	易用性	平台注册、投资用户对资金的支持选择丰富多样,投资支付操作简便快捷等
	交互性	众筹任务进度清晰,投资用户的评论、留言通畅,兴趣圈建设或参与容易,可在线处理争议
	安全性	投资的资金的安全,投资用户信息及个人隐私保密性
	信任度	平台对出版众筹发起者具有良好的信任标识和识别度
	内容质量	平台对众筹发起的出版内容进行质量上的把关
	项目推荐	平台针对不同投资用户群体进行针对性的推荐
激励因素	出版效率	众筹成功后,顺利出版与发行的速度
	衍生配套服务	平台帮助开发出版衍生产品,并提供物流配送等配套服务
	参与感	用户支持自己喜欢的作品感受到参与的愉悦
	成就感	投资用户参与作品创作的成就感
	外部奖励	平台对用户的各种形式的物质奖励

从表 6-4 和表 6-5 来看，出版众筹发起用户和投资用户的保健因素的共同点是：均包括平台界面设计、易用性、交互性以及安全性；区别是：出版众筹发起者的保健因素还包括平台的项目审核效率、出版项目的宣传方式以及项目发起人的形象维护；而投资用户的保健因素还包括信任度、出版内容质量以及平台的项目推荐。尽管两者的保健因素均包括平台界面设计、易用性、交互性、安全性，但其内容并不一样，各有侧重。出版众筹发起者的激励因素包括平台提供的出版服务、出版产品衍生开发服务、配套服务以及外部奖励；投资用户的激励因素包括出版效率、衍生配套服务、参与感、成就感以及外部奖励。尽管表中的变量分为保健因素和激励因素，但这并不是绝对的和一成不变的。随着众筹经验的增加，不管是出版众筹发起者还是投资用户，其激励行为都会发生变化，有些保健因素会演化为激励因素，有些激励因素会演化为保健因素。比如当所有出版众筹平台都开始提供出版服务的时候，对出版众筹发起者而言，平台的出版服务则会从激励因素演化为保健因素；而对投资用户来说，出版效率也会从激励因素演化为保健因素。下文将以双因素理论在出版众筹中的应用为基础，根据对双边用户问卷调研的分析结果，分别对出版众筹发起者和投资用户提出相关的激励策略。

6.3.5　激励策略

6.3.5.1　平台对出版众筹发起者的激励策略

平台对出版众筹发起者的激励包括保健因素和激励因素。保健因素包括平台界面设计、易用性、交互性、安全性、审核效率、宣传力度和形象维护。按照赫兹伯格的理论，保健因素虽然不能额外提高用户的积极性和忠诚度，但是能够缓解用户的不满，提高用户的初始信任,所有的出版众筹平台的竞争者也都易于实现。激励因素包括对出版众筹发起者提供一揽子出版服务、出版衍生产品开发服务、配套服务等,这类激励因素可以提高用户发起出版众筹的积极性和对平台的忠诚度,也是平台服务差异化的体现。具体来说,平台对出版众筹发起者的激励策略如下:

(1) 从交互性来说,出版众筹平台应加强众筹社区的建设,出版众筹发起者可以围绕出版项目或作者创建各种兴趣圈,通过社区或圈子的互动,改进自己的项目,以提高投资用户对项目的支持。

(2) 从安全性来说,平台不仅要保证筹集资金的安全,更要对出版内容的知识产权的安全加强保护。从目前的状况来看,版权保护是出版众筹平台比较薄弱的环节,出版众筹平台应充分利用大数据的方法对出版内容的版权加以保护。

(3) 出版众筹平台应对出版内容质量较高的项目进行大力宣传,并应用大数据精准推荐的方式对投资用户进行推荐。同时,平台应为出版众筹发起者提供丰富多样的宣传方式和手段,方便其自主化、个性化地进行宣传。

(4) 根据第三章的分析,出版项目或作者的品牌效应是大众投资决策的主要依据。出版众筹平台应对出版众筹项目进行品牌管理,塑造出版项目和作者的品牌,精心维护其形象,从而促进更多的出版内容提供者通过平台发起众筹。

(5) 国内出版众筹平台应加强与出版社合作来提高众筹出版内容的审核效率,对审核的结果应及时向众筹发起者进行反馈。平台还应与出版社进行深度合作,为众筹成功的项目提供一揽子出版服务,积极围绕版权开发衍生产品,并提供相应的物流等配套服务。

（6）平台应对出版众筹发起者建立会员积分制度，对众筹成功次数较多、筹集金额较大的出版众筹发起者提供优惠措施，比如降低交易佣金等。

6.3.5.2 平台对投资用户的激励策略

出版众筹平台对投资用户激励的保健因素包括平台界面设计、易用性、交互性、安全性、信任度、出版内容质量以及平台的项目推荐。激励因素包括出版效率、出版产品的衍生服务、配套服务、投资用户的参与感以及外部奖励等。激励因素可以提高投资用户资金支持的积极性和对平台的忠诚度。具体来说，平台对出版众筹发起者的激励策略如下：

（1）出版众筹平台应加强投资用户对平台以及出版众筹项目的信任度和安全感，应对所有的出版众筹项目及发起者进行信任评价和信任度标识。要建立信任评价系统，加强在线评论管理，督促并鼓励项目发起者对投资用户的意见和建议积极反馈。

（2）平台要加强出版内容质量的把关，通过内容审查机制筛选出质量较高的项目，并通过大数据向投资用户精准推荐。

（3）平台要加强与出版社的深度合作，对众筹成功的项目，在出版与发行的效率上进行督促，并适时向用户反馈出版任务的进度。

（4）平台可以围绕出版内容，为投资用户提供出版产品衍生服务，举办各种线上或线下的兴趣活动，增强投资用户参与众筹的乐趣。

（5）平台应对投资用户建立会员积分制度，对投资金额较大、投资次数较多的用户进行各种物质和精神奖励。

（6）从交互性来说，出版众筹平台不仅要提供在线评论，同时由于投资用户获得的出版产品回报存在不确定性,平台应为双边用户设计在线争议解决机制。平台为双边用户提供在线争议沟通平台,双方将争议观点进行详细描述,通过充分的线上线下沟通,达到解决争议的目的。如果争议无法解决,双方可以将证据提交给平台方,最终由平台方提出争议解决方案。

(7)平台应引导出版众筹发起者为不同支持力度的用户,提供不同形式的回报选项模式,对支持力度较大的用户鼓励其参与出版内容的创作,提高其对项目的参与感和成就感。

6.4 本章小结

本章主要探讨了出版众筹平台管控机制中的三大主要问题:内容审核、信任建立以及激励机制。主要结论可以总结如下:

第一,出版内容审核机制可以从质量上对出版内容进行把关和筛选,但目前我国出版众筹平台的内容审核机制存在二次审核的过程,这降低了整个出版众筹活动的效率,也增加了出版众筹活动的风险。由于我国出版众筹平台不具备出版的资质,平台应与出版社进行全面深度合作,以解决二次审核带来的效率低下的问题。对于审核不通过的项目内容,平台审核团队应建立反馈和申诉机制。

第二,信任评价系统的建立对弱关系下的出版众筹活动具有不言而喻的重要意义,是平台管控中不可或缺的一环。二元评价系统和五星评价系统是目前主流的信任评价系统,均适用于出版众筹平台。作为第三方机构,出版众筹平台可以作为信用评估方,根据出版众筹项目的内容、可行性以及发起者的经历、信用记录等对出版众筹项目以及发起者给出信用评价，并以此为依据与保险公司合作，引入信用保险机制，为投资用户提供风险保障。

第三，出版众筹平台对出版内容提供者和投资用户进行激励的目的是增强双方的满意度，进而提高双方交易的成功率。以赫兹伯格的双因素理论为基础，采用扎根分析法和问卷调研，探讨归纳出版众筹平台对发起用户和投资用户的保健因素和激励因素。保健因素可以提高平台双边用户的初始信任，激励因素可以提高双边用户众筹交易的积极性。但是保健因素和激励因素并不是绝对的，随着众筹经验的增加，保健因素和激励因素会互相转化。平台应分别针对出版众筹发起者和投资用户的保健因素和激励因素，采取不同的激励策略。

第七章 研究总结与展望

本章对全书的研究进行了总结,介绍了本书的理论贡献与管理启示,指出了研究存在的局限,并对未来的研究方向进行了展望和讨论。

7.1 研究总结

本书主要在以下几个方面作了比较深细的探讨:

(1) 阐述了出版众筹的内涵、模式和特征,在总结前人提出的出版众筹参与行为影响因素的基础上,结合 TAM 模型,从内外部动机和感知视角构建了出版众筹参与行为的影响机制理论模型。

(2) 运用实证的方法,对出版众筹用户参与行为的影响机制模型进行了验证分析,同时,对信任在各潜变量与出版众筹用户参与意愿的关系中担任中介变量进行了验证,最后根据不同直接经验样本进行分组,分别计算各组路径系数及其显著性水平,检验了直接经验的调节作用。

(3) 以有限理性为基础,运用演化博弈理论分别构建了收费模式、免费模式、平台补贴模式以及平台风险补偿模式下的出版众筹参与行为演化博弈模型，分析了在各种模式下出版众筹发起用户和投资用户双方演化稳定的轨迹和演化稳定策略（ESS），并从出版众筹发起用户、投资用户和平台三个方面提出了相应的建议。

（4）结合国内外的研究成果，在总结双边市场理论的基础上，分析了出版众筹平台的双边市场结构、特征、属性以及商业模式，构建了只收取接入费、只收取交易费以及两部收费三种情形下的垄断平台的定价模型，分析了影响平台定价的主要因素，并对三种情形下的定价结构进行了比较分析。以此为逻辑起点，构建了一个出版众筹市场中存在两个出版众筹平台运营商竞争的定价模型，并采用 Hotelling 模型作为双平台竞争的基础模型。

（5）出版众筹平台管控机制主要包括出版内容审核机制、信任机制和平台的激励机制三个方面。关于出版内容审核机制，分析了平台对内容审核的必要性、审核的效率以及机制优化问题。关于信任机制，探讨了建立信任评价系统的必要性，并根据目前主流的信任评价系统模型，探讨了平台建立信任评价系统的方式方法，同时结合出版众筹的特点，探讨了建立信用保险机制的可行性。关于平台的激励机制，以赫兹伯格的双因素理论为基础，结合扎根分析法和问卷调研，分别探讨了平台对出版众筹发起者和投资用户的保健因素和激励因素，并提出针对性的激励策略。

本书的主要结论如下：

（1）通过构建出版众筹参与行为的影响机制模型，运用实证分析方法，采用 SPSS 19.0 和 AMOS 20.0 对 SEM 进行验证分析，研究得出的主要结论如下：

第一，期望收益、利他主义、感知品牌、感知质量、感知价值以及网络口碑对出版众筹参与行为具有显著的正向影响作用，影响程度由大到小依次是期望收益、感知品牌、感知价值、感知质量、网络口碑和利他主义。感知体验对出版众筹用户参与行为的影响并不显著。

第二，信任在感知品牌、感知质量和网络口碑对出版众筹参与行为的影响作用中充当部分中介作用；信任在感知体验对出版众筹参与行为的影响作用中充当完全中介作用；信任在感知价值对出版众筹参与行为的影响作用中不起中介作用。

第三，直接经验在感知质量和出版众筹用户参与行为之间起正向调节作用；直接经验在网络口碑和出版众筹参与行为之间起负向调节作用；用户的直接经验在感知品牌、感知价值对出版众筹参与行为的影响作用中没有起到调节作用。

（2）通过演化博弈理论构建了出版众筹参与行为的演化博弈模型，分析了出版众筹发起用户和投资用户双方的演化稳定策略，研究得出的主要结论如下：

第一，在收费服务模式下，出版众筹的参与行为是否能够收敛于帕累托最优均衡状态与出版众筹的投资金额、众筹成本以及众筹的风险损失概率相关。投资金额、众筹成本以及风险损失概率越小，双方最终收敛到帕累托最优均衡状态的概率也就越大。

第二，在免费服务模式下，出版众筹的参与行为能否收敛于帕累托最优均衡状态与出版众筹的投资金额以及众筹的风险损失概率相关。投资金额和风险损失概率越小，双方最终收敛到帕累托最优均衡状态的概率也就越大。

第三，在平台补贴模式下，出版众筹的参与行为能否收敛于帕累托最优均衡状态不仅与出版众筹的投资金额、众筹成本以及众筹的风险损失概率相关，而且与平台补贴相关。平台补贴额度越大，双方最终收敛到帕累托最优均衡状态的概率也就越大。

第四，在风险补偿模式下，出版众筹投资用户的风险损失概率转嫁给了平台和出版众筹发起用户，出版众筹投资用户的期望收益具有了确定性。因此当众筹成本越小，并且出版众筹发起用户承担的风险补偿也越小时，系统收敛到帕累托最优均衡的概率越大。

（3）通过构建出版众筹垄断平台的定价模型和以 Hotelling 模型为基础的双平台竞争模型，研究得出如下主要结论：

第一，无论是垄断性市场还是竞争性市场，出版众筹平台对双边用户的定价均受到双边用户规模、交叉网络外部性以及组内网络外部性的影响。出版众筹发起用户之间的竞争越激烈，平台对发起用户的定价越高；出版众筹投资用户之间的示范性越强，平台对投资用户的定价越低。当发起用户的规模或交叉网络外部性以及组内网络外部性大到一定程度时，平台对投资用户可能采取免费或补贴政策。

第二，无论是垄断性市场还是竞争性市场，随着市场交易越来越活跃，出版众筹平台对双边用户收取的交易费会越来越低。

第三，在竞争性出版众筹市场中，平台对发起用户和投资用户的定价会受到两个平台服务差异系数的影响，出版众筹平台的差异化程度越大，平台对发起用户和投资用户的定价就会越高。

（4）以赫兹伯格的双因素理论为基础，采用扎根分析法和问卷调研，研究了出版众筹平台对发起用户和投资用户的保健因素和激励因素。研究结果认为，平台对发起用户的保健因素包括平台界面设计、易用性、交互性、安全性、内容审核效率、宣传方式和品牌塑造；平台对发起用户的激励因素包括出版服务、衍生配套服务、外部奖励以及归属感。平台对投资用户的保健因素包括平台界面设计、易用性、交互性、安全性、信任度、内容质量和项目推荐；平台对投资用户的激励因素包括出版效率、衍生配套服务、参与感、成就感和外部奖励。

综上所述,本书的研究结论是对出版众筹用户参与行为影响机理和平台运作机制的积极探索,丰富了出版众筹研究领域的理论和思路,期待可以为出版众筹的相关理论研究和实践探索提供一些参考。

7.2 研究局限与展望

本书从出版众筹的基本内涵、特征出发,结合 TAM 模型构建了出版众筹用户参与行为影响机制的理论模型,并通过实证的方法对出版众筹用户参与行为的结构方程模型进行了验证分析。同时,运用演化博弈理论,分析了出版众筹用户参与行为的演化稳定策略。此外还在双边市场理论的基础上,构建了出版众筹垄断平台的定价模型以及双平台竞争的模型。虽然取得了一定的研究成果,但受到主客观条件的限制,还有如下相关问题有待进一步深入研究:

(1)本书在对出版众筹用户参与行为影响机制的实证分析中,主要考虑了直接经验的调节效应,没有对投资用户其他的统计特征进行调节效应分析,今后的研究还可以考虑以投资用户收入的差异特征或者文化背景差异作为调节变量,分析和检验其在出版众筹用户参与行为影响机制中的调节效应,进一步丰富出版众筹用户参与行为的理论探讨。

(2)尽管对出版众筹的概念做出了界定,但尚未对出版众筹的类型进行细分,这可能会影响研究结论的外部适用性。未来可以有针对性地对细分的出版众筹领域进行研究,如可以针对文学类、学术类、商业类等类型进行研究,以得到更有针对性的结论。

(3) 在研究出版众筹双平台竞争定价机制时,本书仅讨论了单归属情形的平台定价机制,忽略了多归属情形下平台的定价机制。所以在未来的研究中,需要对这一情形下的平台定价机制进行探索。

(4) 关于出版众筹平台定价机制的研究,本书未及通过收集大量实证数据,借助于实证分析对出版众筹平台的定价机制研究的结论进行验证。所以在未来的研究中,可以基于实证检验的数据,定量分析出版众筹平台的定价机制。

(5) 信任评价机制的建立对出版众筹的运作和管控具有重要作用。本书主要借鉴前人的研究成果提出了两类信任评价模型,同时也提出了信用保险机制,但未及对其进行实证分析。在未来的研究中,可以对两种信任评价模型加以实证验证,以有助于进一步完善出版众筹市场中的信任保障机制。

(6) 尽管本书采用扎根分析法和问卷调研,研究了出版众筹平台对发起用户和投资用户的保健因素和激励因素,但没有考虑"时间"这一维度在用户对激励因素和保健因素的判断方面产生的影响。由于保健因素和激励因素不是绝对的和一成不变的,随着时间的推移和用户众筹经验的增加,不管是发起用户还是投资用户的激励行为都会发生变化,有些保健因素会演化为激励因素,有些激励因素会演化为保健因素。在未来的研究中,可以探索不同类型用户对激励因素与保健因素的态度随着时间推移而发生的演变。

附录1　出版众筹参与行为影响因素调查问卷

尊敬的先生/女士：

您好！感谢您在百忙之中抽时间参与本次问卷调查活动。本次调查采用匿名方式，只为开展学术研究，不作任何商业或其他用途，我们保证您的资料和信息完全保密。您在本次调研中所选的答案没有对错之分，请根据您的真实看法作答，在相应的选项上打"√"。真诚地感谢您的支持与合作！

请问您是否在众筹平台上投资过出版众筹项目？如果有，请问投资过几次？

　① 有过，＿＿＿＿＿＿次。

　② 没有。

第一部分　您的基本信息

1. 您的性别是（　　）。
A. 男　　　　B. 女
2. 您的年龄是（　　）。

A. 18 岁以下 B. 18—29 岁
C. 30—39 岁 D. 40 岁以上

3. 您已完成或者正在接受的教育程度是(　　)。

A. 高中及以下 B. 大专
C. 本科 D. 硕士及以上

4. 您的职业是(　　)。

A. 学生 B. 机关及事业单位人员
C. 企业职员 D. 其他

5. 您的月收入是(　　)。

A. 3 000 元以下 B. 3 000—5 000 元
C. 5 001—8 000 元 D. 8 001—10 000 元
E. 10 001—20 000 元 F. 20 000 元以上

第二部分　相关研究变量测量

您经常登录和使用的出版众筹平台有(可多选)：

① 众筹网　　　　　　　② 淘宝众筹
③ 京东众筹　　　　　　④ 其他_____

请任意选择一家出版众筹平台,然后根据您对出版众筹的真实感受,对下列陈述的同意程度做出客观评价,每题只能选择一项。

(1=完全不同意,2=非常不同意,3=不同意,4=中立,5=同意,6=非常同意,7=完全同意)

题 项	1	2	3	4	5	6	7
参与出版众筹项目可以让我获得物质回报							
参与投资出版众筹项目可以让我获得乐趣							
获得作者的亲笔签名让我很开心							
参与出版众筹作品的创作让我有成就感							
我不在乎我投资的众筹项目能否获得回报							
我愿意无私支持别人的出版梦想							
我愿意无偿支持有价值的出版众筹项目							
我想支持我喜欢的出版众筹项目							
该众筹出版网站在浏览及操作方面简单易用							
该网站对出版众筹项目的投资支付很方便							
我可以很熟练地在该网站投资项目							
在该网站我很容易获得相关众筹项目信息							
网站客服能及时回复我提出的问题和建议							
该众筹出版项目具有很高的知名度							
该众筹出版项目的作者名气很大							
该众筹出版项目发起者是著名出版社							
该众筹出版项目是由名人推荐的							
这家出版众筹网站具有很高的知名度							

(续表)

题 项	1	2	3	4	5	6	7
该众筹出版项目的信息描述翔实、可靠							
该众筹出版内容的品质符合我的阅读期望							
该众筹出版项目文字描述很精彩							
该众筹出版项目的封面设计很美观							
该众筹出版项目很有价值,值得投资							
该众筹出版项目很少见,非常独特							
该众筹出版项目的回报物有所值							
该众筹出版项目对社会非常有意义							
该众筹出版项目在线评论的数量较多							
该众筹出版项目在线评论的内容清晰、客观							
正面的在线评论对我投资出版众筹项目的影响较大							
负面的在线评论对我不投资的影响较大							
我相信该网站上的出版众筹项目的信息							
我觉得在该网站投资支付是安全的							
我相信该出版众筹项目的回报会实现							
总体上,我非常信赖该出版众筹网站							
我愿意投资该出版众筹项目							

(续表)

题项	1	2	3	4	5	6	7
我会优先考虑投资该出版众筹项目							
我会继续对该网站上的众筹项目进行投资							
我愿意将该出版众筹项目推荐给亲朋好友							
我投资过该网站上的出版众筹项目							
我向其他人推荐过该网站上的众筹项目							
我经常与其他人交流该网站上的众筹项目							
我会为该出版众筹项目提供信用担保							

非常感谢您的支持！

问卷至此结束，再次感谢您的参与和帮助！

附录2 出版众筹平台双因素调查问卷

尊敬的先生/女士：

您好！感谢您在百忙之中抽时间参与本次问卷调查活动。本次调查采用匿名方式，只为开展学术研究，不作任何商业或其他用途，我们保证您的资料和信息完全保密。您在本次调研中所选的答案没有对错之分，请根据您的真实看法作答。真诚地感谢您的支持与合作！

第一部分 背景介绍

本次调查旨在探索出版众筹平台对投资用户和发起用户的激励因素，通过发现这些激励因素，有助于平台对投资用户和发起用户采取针对性的激励策略。出版众筹平台对项目发起用户和投资用户进行激励的目的是增强双方的满意度，进而提高双方交易的成功率。

第二部分 双因素理论介绍

赫兹伯格通过大量的案例调查发现,影响员工满意度的因素大体上可分为两类:保健因素和激励因素。其中,保健因素只能消除员工的不满,却不会带来满意感,也不能调动起他们的工作积极性并提高生产效率;但如果这类因素没有得到满足,则一定会引起员工的强烈不满。激励因素则能给员工带来满意感,调动起他们的工作积极性和热情;即使这类因素没有得到满足,往往也不会引起员工的强烈不满。总而言之,赫兹伯格认为,就保健因素而言,"不满意"的对面不是"满意",而是"没有不满意";就激励因素而言,"满意"的对面不是"不满意",而是"没有满意"。

出版众筹平台影响双边用户的因素也可归纳为保健因素和激励因素这两大类。其中保健因素主要是出版众筹平台必须提供的基本功能性、服务性因素。如果这些因素没得到满足或存在缺陷,将会引起用户强烈的负面情绪,大大降低用户的忠诚度,从而导致用户的大量流失。然而,仅仅依靠保健因素是无法从长远角度提高用户的行为动力的,因此也必须充分考虑相关的激励因素,即比保健因素更为高级的、可提高用户体验、激发用户热情、为平台增加额外价值并提高用户回头率的因素。

第三部分 问卷题项

保健因素	不确定因素	激励因素
-1	0	1

或者:

您认为下面哪些因素是您在发起或投资出版众筹项目过程中必不可少的,如果无法满足的话,您可能会停止发起或投资出版众筹项目行为——这类因素请选择"-1";

您认为下面哪些因素可提高您发起或投资出版众筹项目的热情和积极性,但如果暂时还无法满足,也不会对您发起或投资出版众筹项目的行为造成多大影响——这类因素请选择"1";

如果您无法对该因素做出准确判断,请选择"0"。

以下调查问卷分为 A、B 卷,出版众筹的发起用户请答 A 卷;出版众筹的投资用户请答 B 卷。

A 卷

变量	解释说明	请打分(-1,0 或 1)
界面设计	平台界面布局合理清晰,信息标识准确易懂,信息导航清晰,界面颜色舒适	
易用性	平台注册,出版内容发起、上传,文字视频介绍上传快捷方便;众筹目标任务、时间控制、资金支持选项等功能齐全且使用方便	
交互性	众筹任务进度告知,投资用户的评论、留言可视,社区、兴趣小组建设方便等	
安全性	筹集资金的安全,以及发起的出版内容知识产权的安全	
审核效率	平台对出版内容审查结果的反馈速度	
宣传方式	平台对出版众筹项目位置的设置以及宣传的时间和手段等	

(续表)

变　量	解　释　说　明	请打分(-1,0或1)
品牌塑造	平台对出版众筹项目及发起者形象及品牌的塑造和维护	
出版服务	平台帮助众筹成功的项目出版及发行	
衍生配套服务	平台帮助开发出版衍生产品,并提供物流配送等配套服务	
外部奖励	交易佣金的减少和其他物质奖励	
归属感	平台帮助众筹发起者实现了出版作品的梦想,作者对平台会产生一种依赖感	

B 卷

变　量	解　释　说　明	请打分(-1,0或1)
界面设计	平台界面布局合理清晰,信息标识准确易懂,信息导航清晰,界面颜色舒适	
易用性	平台注册、投资支付操作简便快捷,投资用户对资金的支持选择丰富多样等	
交互性	众筹任务进度清晰,投资用户的评论、留言通畅、兴趣圈建设或参与容易,在线处理争议	
安全性	投资的资金的安全,投资用户信息及个人隐私保密性	
信任度	平台对出版众筹发起者具有良好的信任标识和识别度	

(续表)

变 量	解 释 说 明	请打分(-1,0或1)
内容质量	平台对众筹发起的出版内容进行质量上的把关	
项目推荐	平台对不同投资用户群体进行有针对性的推荐	
出版效率	众筹成功后,顺利出版与发行的速度	
衍生配套服务	平台帮助开发出版衍生产品,并提供物流配送等配套服务等	
参与感	用户支持自己喜欢的作品,感受到参与的愉悦	
成就感	投资用户参与作品创作的成就感	
外部奖励	平台对用户的各种形式的物质奖励	

第四部分　您的基本信息

1. 您的性别是(　　)。

   A. 男　　　　　B. 女

2. 您的年龄是(　　)。

   A. 18 岁以下　　　　　B. 18—29 岁

   C. 30—39 岁　　　　　D. 40 岁以上

3. 您已完成或者正在接受的教育程度是(　　)。

   A. 高中及以下　　　　　B. 大专

C. 本科   D. 硕士及以上

4. 您的职业是(　　)。

A. 学生   B. 机关及事业单位人员

C. 企业职员   D. 其他

非常感谢您的支持!

问卷至此结束,再次感谢您的参与和帮助!